尾木ママの「叱《しか》らない」子育て論

尾木直樹
Naoki Ogi

主婦と生活社

「モウモウ」母さんと「ダッテ」マン

―はじめに―

「何回言えばわかるの！」（プンプン）

「だから、ママ言ってるでしょ！」（もう～）

「プンプン」お母さんは、なぜだか牛さんのように、「モウモウ」をくり返すばかり。

ところが、子どもは、と言えば……。

「だってぇ～」

「ダッテ、ダッテ……ママ」

言い訳の決まり文句の連発。「ダッテ」マンに大変身です。

幼児期によく見かけるこんな親子のやりとりは、なんとも、ほほえましい限り。

ところが、思春期に入るや、状況は一変。いままでのように、親が文句を言ったり叱りつけたりしようものなら、さあ大変！

「ウッセーな！」（!?）

あげ句の果てには、

「クソ、ババァ〜！」

などの暴言も。

「これが本当にワタシがお腹を痛めて産んだ子かしら」

ママはショックを隠しきれません。辛くなってしまいます。

でも、ちょっと待って！　悪いのは本当に子どもだけかしら？

「わが子のために」

ママたちは、叱りさえすればいい、と思っていませんか？　〝しつけ＝叱ること〟とカン違いしているパパやママも珍しくありません。これがさらにエスカレートして、わが子に手を上げるなんてなったら、言語道断です。

とはいえ、

「叱らない子育てなんて本当にできるの？」

と思っているママも多いはず。明石家さんまさんではありませんが、「ホンマでっか!?」なんてね。

子育てのポイントは、〝叱る〟代わりに〝ほめる〟ことなんです。大人だってほめてもらうとうれしいもの。気分がよくなり、もっともっと認めてほしくなって、さらに頑張っちゃいます。ましてや成長盛りの子どもなら、叱られるより、認められるほうがうれしいのに決まっています。

子どもはほめられてニコニコ笑顔。ママもハッピー。そんな、子育てを楽しむコツをお教えしちゃおうというのが、本書『尾木ママの「叱らない♡」子育て論』ですよ。これまでの常識をくつがえしたり、びっくりするようなヒントばかり集めました。第1章では、ママがとりわけ気になる学力アップの勉強方法や学力論、第2章では人間性を豊かにする子育て術を中心に大胆に展開してみました。

みなさんと一緒に楽しく、一日一善ならぬ、〝一日一ほめ〟！　さあ、叱らない子育ての旅へ、いざ出発進行です!!

尾木ママ

CONTENTS

目次★

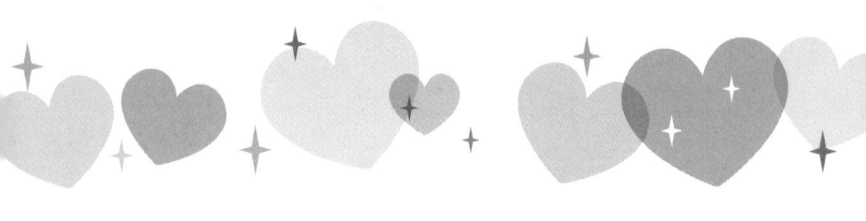

第2章 子どもがグングン伸びる「叱らない♡」子育て術

1

子どもに本物の学力がつく「叱らない♡」勉強法

No.1

「さんまチルドレン」で本物の学力が手に入る

いまでは、みなさんが親しく「尾木ママ〜♡」と呼んでくれる、ボクのこのニックネーム。つけてくれたのはご存知、明石家さんまさん。フジテレビの『ホンマでっか!?TV』の前身で福澤朗さんと一緒にやっておられた『ホンマでっか!?ニュース』の収録中に、いきなり「尾木ママ！」と呼ぶようになったのよ。

「いったいボクのどういう部分を見て、そんな発想が浮かんだのかしらん？」

と、最初は不思議だったの。だって奥さんと結婚して娘もふたりいるし、ちゃんと好きな女性のタイプもいるから。紺野美沙子さんや小雪さんのような楚々とした方が特にタイプ♡

でもね、自分では気づかなかったけれど、それ以外の部分では確かにボクは〝ママ〟だったわね〜。我が家は奥さんも教師で共働きだったから、ボクが娘ふたりのオムツを替え、保育園の送り迎えをし、家事もほとんどボクがやったの。ほら！まさにママでしょ？　いやあね、本物の〝オネェ〟だと思ってた？　職業柄、全国各地へ講演にも行くけど、そこで、

「ボクのことを〝オネェ〟だと思ってる人！」

なんて聞くと、ほとんどの人が手を挙げるのよ！　もう、困っちゃう♡　確かに女系家族の中で暮らしているうちに、女性的になったのかもしれない。

ボクの〝尾木ママ〟な部分を見つけてしまう、そんなさんまさんの洞察力は本当に鋭いわね。出会った人たち、自分に関わる人たちのキャラクターを一瞬でつかんでしまう稀有な才能があるの。たとえば、『ホンマでっか!?ＴＶ』に出演してるのは、脳科学者とか心理学者とか流通ジャーナリストとか、タレントさんではない人たちばっかりでしょう？　さんまさんは、タレントさんのような個性的な才能を持った人たちだけでなく、一見普通に見える人が持っているいい部分、素晴らしい力を１００％を引き出して、魅力的に見せてしまう天才なんです。

なぜ、そんなことができるのか？　それは、**さんまさんの人に対する興味や関心、注意力がとても高いからなの。**言い方を変えれば物事に対する探求心や人間への愛情が深い、とも言える。だから、ちょっとの変化も見逃さずに番組の中でおもしろそうなこと、楽しそうな変化、人のいい部分をどんどん自分から探して発見して、トークや番組構成、展開に生かしていけるのね。さらに、番組の内容を整理してタイミングよく進行させながら、どんどんおもしろいと思うこと新しいことを吸収していくから、さんまさんの頭の中に詰まっている知識はとても新鮮で幅広い。それはなにかテキストを見て覚えた空論ではなくて、生活や仕事の中で得た知識だからこそ、全部自分の身になって生きてるの。身になっているから、また瞬時に頭の中から引き出して生かしていけるのよね。

これって、子どもの勉強と同じこと。

本来の勉強というのは、子どもたちが自ら、いろいろな物事に興味や関心を持って、探求して、新しい驚きやおもしろさを発見する、という方法。そしてまた次の発見や知識につなげていく……。それが本当の学ぶ方法であり、学ぶ力なのです。

テスト前日に慌てて〝過去問〟なんかで〝一夜漬け〟しても、テストの次の日にはすっかり忘れてしまって全然身にはつかないでしょう？　でも、**苦労して努力して手に入れた知識や技能というものは、しっかり子どもの中に根づくのね。だから、自由自在に使える知識、生きた勉強、学力になっていくの。**

だから子どもたちにはぜひ、言うなれば〝さんまチルドレン〟を目指して欲しいの。

それから、さんまさんは決して人の短所や欠点で笑いを取ろうとしないでしょ？　中には他人の欠点をイジって笑いにするタレントさんもいるけれど、彼は違う。

これは自己肯定感の高さの現れ。つまり、彼はまわりの人やひいては自分自身のことを、とても信頼して愛してるのね。〝自分が好き〟ということは子育ての大切なポイントでもあるの。自分のことを好きにさせないと、絶対に子どもは伸びません！

さんまさんを見てると、子育てのヒントがたくさんあるわよ。まぁ、そのわりに娘さんとはうまくいっていないようだけど（笑）。そこがまた、親の難しさってやつよね。

No.2

「家族で登山」で勉強が好きになる

最近、なにかと登山ブーム。中高年だけでなくて、〝山ガール〟なんていう若い女性もたくさん登山やトレッキングへ出かけているそうね。澄み切った空気に、手つかずの緑――ボクも山は大好き♡　こう見えても昔はスキーヤーだったからスキーを担いで冬山へ入ったりもしたのよ。

　そんな登山は、子どもが勉強好きになるチャンスでもあるの。

勉強、というのは机の上だけのことではないし、子育て、というのは公園に連れて行くことだけではないんです。親子で〝生の体験〟を味わうことが、学びへの力につながっていくのよ。

　まずは、家族みんなで計画を立ててプランニングするのが楽しい。もちろんエベレストなんて高い山に挑戦しなくてもいいから、ミシュランガイドにも載っている高尾山や、近くの標高1000mくらいの低い山でいいんです。

「朝何時に起きて、出発は何時！」

「ここで一度休憩して、頂上でお弁当を食べて記念撮影しようか」

　そんな楽しい計画を子どもと一緒に立てて、さあ出発よ！

ところが実際、登ってみると急な勾配で転びそうになったり、疲れて汗をかいて、

「もうやめたい。帰りたいよ」

なんて思うもの。パパのほうも、

「残業続きだったから、体にこたえるなぁ……」

なんて息が上がっちゃったりするでしょう。現実は、予想とも違うし、計画通りにいかないことも多い。

その苦労を親子で一緒に味わう。しかも、その苦労を家族みんなで協力して乗り越えることが、子どもにとって成長への大切なパーツになるの。

「苦しくても一生懸命頑張れた！」

ということを、自分の経験で知っていることが粘り強さになるんですよ。

そしてもうひとつ。それは頂上に着いた瞬間の達成感！

そこから見る景色の素晴らしさは、それまでの苦労や辛さを吹き飛ばすもの。

「一生懸命、頑張ったあとにはこんな素晴らしいことが待っている！」

登山のような辛さと達成感を、親子で共有することこそが子どもにとって大切な

の。

　これは、勉強にも言えるわね。

「ウチの子、どうしても勉強が嫌いで……」

と嘆くママは多いけれど、それは登山で味わえるような成功体験が子どもの中にないことが原因のひとつでもあるの。**成功体験がひとつでもあれば、子どもは自分でしっかり頑張れます。そしてその頑張りが次の成功につながるの。**だから、苦しいことから逃げなくなるわ。放っておいてもどんどん勉強が好きになる。

　それは、公園に一緒に散歩に行って、

「噴水がきれいだね〜。芝生がフワフワだよ〜」

と、遊んで帰るばかりでは、決して子どもの中に身につかないものね。もちろん、公園に行くことが悪いことではないわよ。公園に行けばお友達もたくさんできるし、いろいろな遊びも覚えられる。でも、勉強も子育ても楽チンで楽しいことばかりではダメ！

「最近、親子関係がうまくいってないな」

「ウチの子、心が折れそうだな」と思ったとき。ぜひ、**公園よりも、「一緒に登山に行こうよ!」って、子どもを誘ってあげて。**22年間教師をやってきたボクの経験から言って、山登りが好きなパパやママがいる家庭で非行にはしる子どもはひとりもいなかった。人生で困難にぶつかったとき、勉強で壁にぶつかったときも、それを乗り越えられる自信と力を、その子がきちんと身につけているから、よ。

No.3

「ママが本を読む」と子どもに国語力がつく

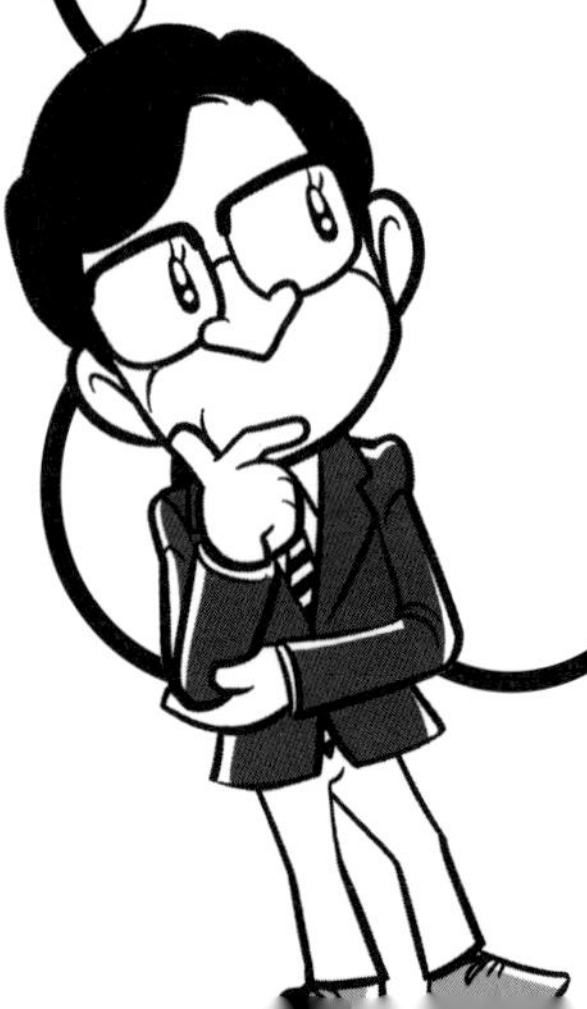

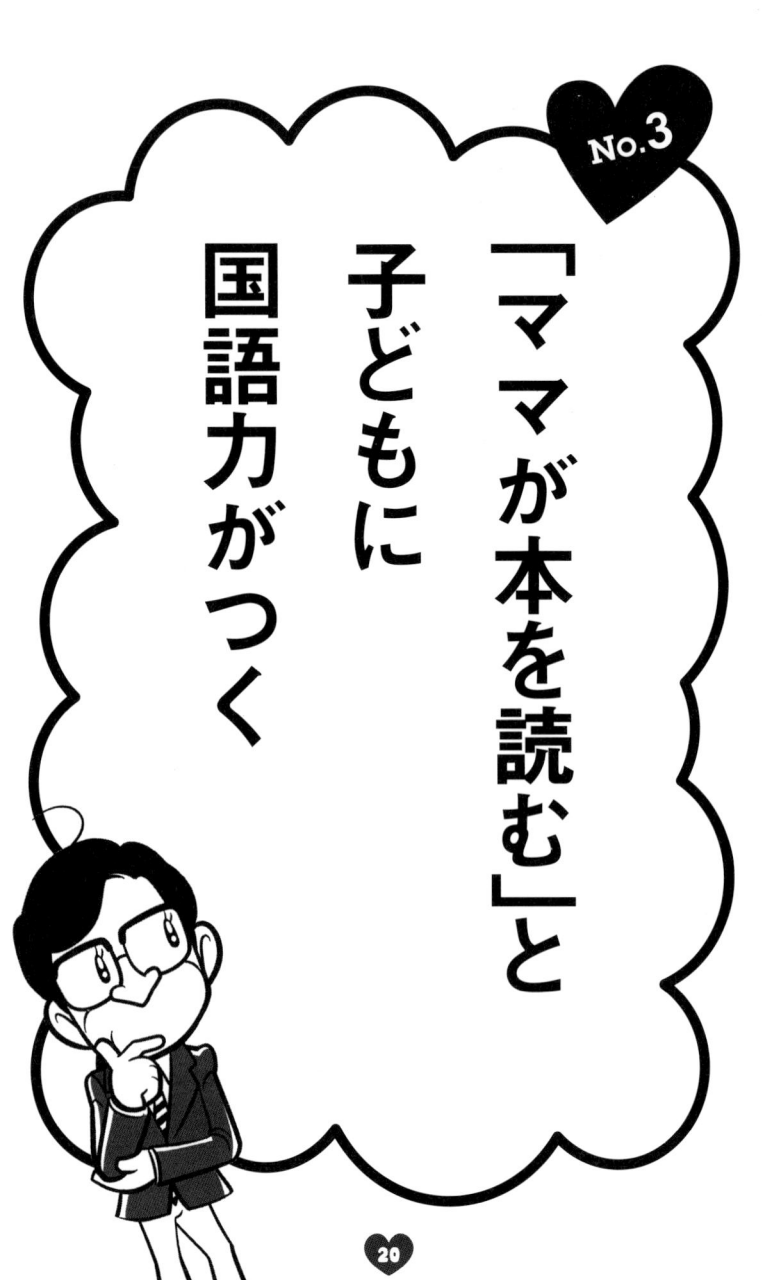

いま、あなたの自宅にある本棚をちょっと覗いてみてくださいな。いったい何冊ぐらい本が並んでいるかしら？　ある調査結果によると、子どもが東大に入った家庭では、ウチの中にある本の冊数は400冊以上と言われてるの。つまりこれは、その家庭の文化水準が子どもの学力に影響する、ということを表しているの。

本をたくさん読むと、読解力つまり国語力がつくのは言うまでもありません。国語の力というのは、すべての学問、勉強の基礎になるもの。いまの学校教育では算数も理科も社会も、さらに英語だって、〝読み・書き・話す〟能力が特に必要とされているの。だから国語力というのは本当に大切なんだけど、**本を読むと自然と読み解く力が身について、知らず知らずのうちに基礎学力を固められるワケね。**でもだからといって、急いでとにかく400冊揃えればいいってもんじゃないわよね。いくら家の中に本が並んでいても、子どもが自分でそれをしっかり読んでいかないとね。そのためには、子どもを読書好きにするしかないと思うの。

でも、ママのほうが韓流ドラマばっかり見ていたらどうかしら？

「テレビばっかり観ていないで、本でも読みなさい！」

なんの説得力もないわよねぇ。だって、ママ自身が、本よりテレビのほうがおもしろいという姿を子どもに見せてしまっているんだもの。まぁ、ボクも韓流ドラマは好きだけど、もしママ自身が本を読む楽しさを知っていたらどうかしら？　なにも難しい本でなくてもいいの。たとえば推理小説でもOKよ。

「これがハラハラドキドキして、たまんないのよね」

そう言いながら、ママが夢中になってページをめくっている姿を子どもが目にしたらどうかしら？

「本を読むことって、そんなにもおもしろいことなのかな？」

きっと、子どもも自然と本に興味がわいて、自分から手にとるようになるわよ。活字に親しむようになれば、親子の会話も変わっていく。

「ママ、この本おもしろかったよ！」

「へ〜、それじゃあ今度ママも読んでみようかな」

親子で読書を楽しんでいれば、国語力なんて自然についてくるわよ。そういう親の姿を見せることは、とっても大切。

「勉強しなさい！」「本を読みなさい！」

そんなセリフを100回言うよりも、たった一度、ママが読んでいる姿を見せるほうが、よっぽど読書のきっかけになるんだから。

ボクが私立高校から公立中学校に赴任して初めてクラスを受け持ったとき、ものすごく社会性もあり、友達思いで勉強ができる子がいたのね。

「きっと、この子は自分でどんどん学んでいけるわ！」

そう思ったボクは、その子にこうアドバイス。

「もう学校の勉強はほどほどでいいから、毎日、岩波新書を読んでいろいろなことに視野を広げてごらん」

その生徒は当時、数百冊あった岩波の新書シリーズを次々と読み切っちゃったわ。それでそのまま現役で東京大学に入っちゃった。そのときのクラスからは、もうひとり現役東大生が出たわね。それだけ本を読むということは、子どもの基礎学力を固める上で力を持っているの。また、社会問題に目覚め自分は何者か、どう生きるべきか、いじめ問題などにも苦しむ思春期だからこそ、塾通いして〝ガリ勉〟するだけではダメ。もっともっと、これらの大テーマに正面から切り込んでいる本の世界に誘ってあげてね♡

　それから、当たり前の話だけど、子どもを本好きにさせる、その前段階として、乳幼児期からの読み聞かせも重要ね。ボクも娘たちが小さいころ、夜寝る前にかならず添い寝しながら読み聞かせをしたわよ。もう、それこそ何百冊も。物語に入り込んでいって、世界が無限に広がっていく楽しさを、子育てに疲れているママも一緒に味わいましょうよ。

No.4

「心を込めた〝おはよう〟〝こんにちは〟」が生活力を上げる

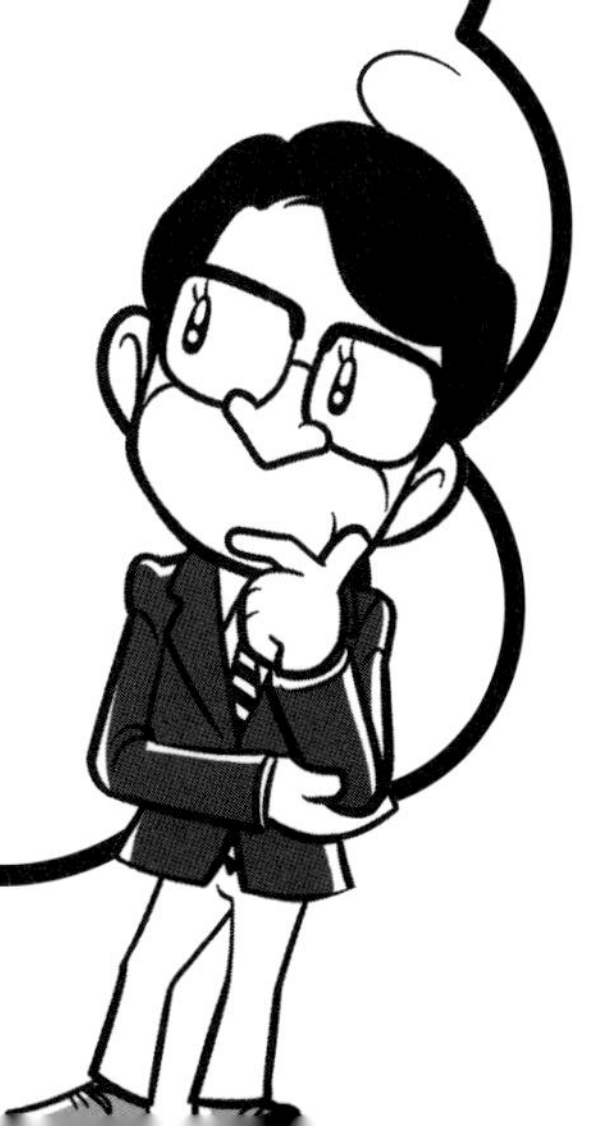

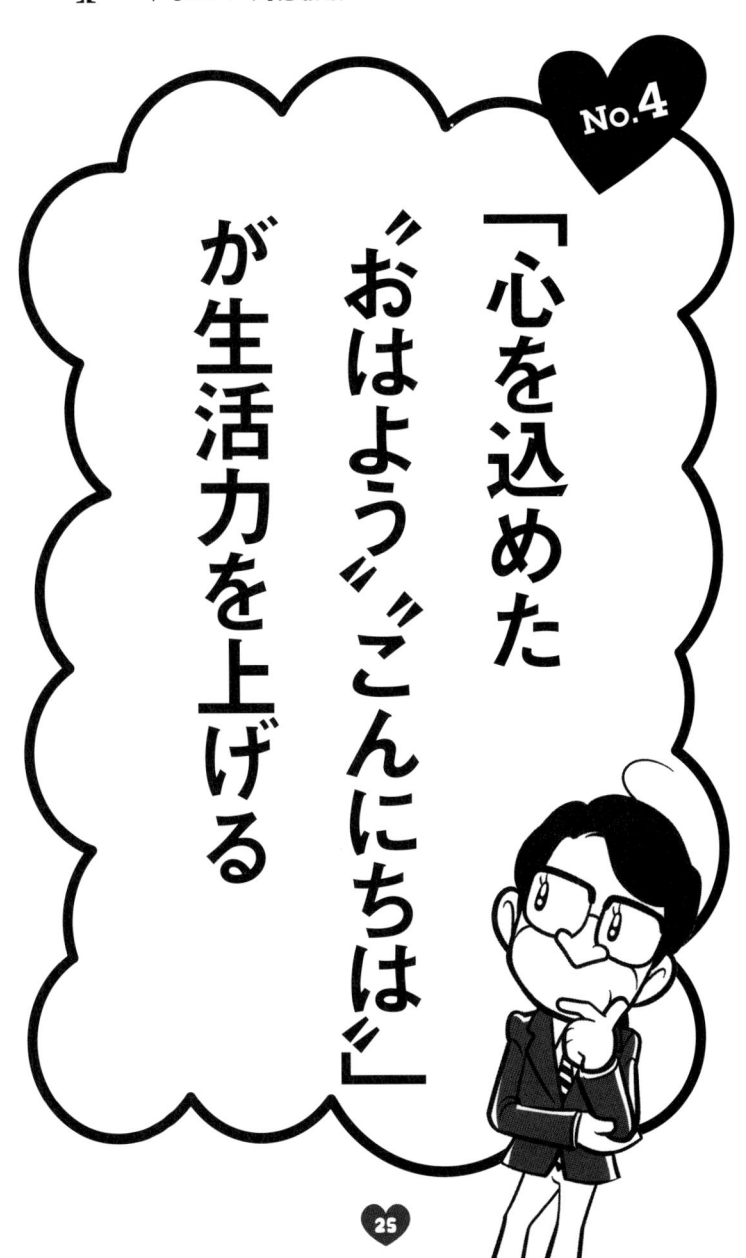

ボクが、ある学校に教育現場の視察に行ったときのこと。廊下のはるか向こうから、大きな声で「ちわ〜す！」と女子生徒に次々とあいさつされました。案内してくれた校長先生は得意気な顔で、こうおっしゃったのね。

「尾木先生、どうですか！　ウチの生徒たちは元気がよくて、しっかりあいさつができるでしょう」

たしかに元気いっぱいのあいさつ。でも、ボクはその子たちのあいさつになにも感じなかった。少なくとも校長先生がおっしゃるような、しっかりしたあいさつだとは思わなかったのよ。

その日の午後、別の学校に。ある生徒がすれ違うときに、ボクの目をしっかり見て、

「こんにちは。ご苦労さまです」

15度くらい静かにしっかり〝目で〟おじぎをしてくれたの。その姿がとっても清々しくて、ボク、とってもいい気持ちになれたの。でも、決して大きな声ではなかった。

さて、ふたつとも確かにあいさつだけれど一体なにが違っていたのでしょうか？

それは、心。

最初の女の子たちは、一体誰なのかもわからないくらい遠くから、あいさつの言葉を投げただけ。次の学校で出会った生徒は、しっかりボクに心を投げてくれたの。この違いが小さいようでとても大きい。あいさつというのはカタチではないの。

「大きな声で挨拶しなさい!」

なんてカタチだけを求めて、それでよしとしてしまうのは根本的な間違い。大きな声を出すのが苦手な子どもは、それだけで〝あいさつできない子〟になってしまうかもしれないでしょう? 言葉がなくても、相手の顔と目をしっかり見て、ニコッと笑顔で目礼するだけでも、ボクは素晴ら

しいあいさつだと思う。

大切なのは声の大小ではなくて、相手の心に届くようなあいさつができるかどうか、なの。つまり、相手を思う〝心情〟になっているかどうかなのよ。

朝、起きたら家族で「おはよう」。

昼下がり、近所の人に会ったら「こんにちは」。

夕方、マンションのエレベーターで乗り合わせた人に「こんばんは」。

当たり前だけれど、その**心と心が触れ合うコミュニケーションが、子どもたちのイキイキとした生活力や自立性につながっていくパワーになるのよ。**心をつなぐあいさつができる子は、自分で計画を立てて勉強もできるようになるし、目的や目標を掲げて生活できるようになるものよ。

もちろん注意しなければならないのは、あいさつがすべてではないということ。あいさつが苦手でなかなかできない子どももいる。そんなときは、ゆっくり待ってあげてね。決まったスピードや、カタチを求めず、どの子も心からのあいさつができるようになることを信じましょう。

No.5

「ママと一緒にお風呂に入る」と子どもが理科好きになる

小さな赤ちゃんをお風呂に入れるというのは、新米パパの第一歩、イクメンの入り口よね。仕事から帰って来たパパには、それが一日で一番の楽しみと言ってもいいわ。ボクもよくやりましたよ。娘のちっちゃな頭をこう手のひらで支えてね。かわいくて幸せな時間だったわ〜♡　ママも、その間に少し息抜きできて助かるのよね。

少し大きくなると、今度は子どもに体の洗い方を教えるの。自分できちんと清潔に健康維持ができるように、タオルの使い方、シャンプーの仕方とか。子どもは最初、頭を洗われるのがイヤなのよね。頭からザブーンとお湯をかけられて、鼻に水が入ってツーンとして「イヤイヤイヤ！」って泣いたりしてね。誰にでも経験がある、懐かしい思い出じゃないかしら。

そんなお風呂は、子どもにとって不思議がいっぱいのワンダーランド。

たとえば湯船にタオルで作った〝風船〟を沈めると〝ブクブクブク〜〟っとたくさん気泡が出てくるでしょう？　なんで泡が出てくるのかが不思議で、子どものころのボクは母とお風呂に入るとそんな遊びをよくしてたわ。子どもの目線で見てみ

ると、大人にとってはごく普通のなんでもないことにでも子どもの個性や感性を伸ばすヒントが隠れているもの。

温かい湯気がのぼっていくと、いつのまにかお風呂場の天井にはびっしり水滴がついて、それがポタポタ落ちてきたりもする。冷たくてヒヤッてする。

「なんで天井に水がいっぱいついてるの?」

そう聞かれたら、ママたち、どう説明します? 子どもにもわかるように上手に話してあげられるかしら? もちろん答えは、水蒸気が天井にぶつかって冷やされて、水に戻った――わけね。でもちょっと見方を変えれば、これは雲ができて雨が降る原理と同じ。そんなことを知った子どもは、翌日から雲をしっかり観察したりするかもしれませんよ。

ママやパパと一緒にザブンと湯船に入ると、ひとりで入った時よりもたくさんのお湯がザーッとあふれ出ていくでしょう? これはまさに、物理の大原則のひとつ、〝アルキメデスの原理〟そのものよね。

「なんでそうなるんだろう?」

そう考えることが、子どもにとって科学や物理への入り口になるのね。ママやパパとお風呂に入りながら、一緒に楽しい疑問や発見をすることがきっと、理科が好きになる秘密のステップになると思いますよ。こんな子育て文化が一番大切なのよ。なにも科学教室や塾の理科実験の授業を受講させることではないの。〃生活の中からの学び〃こそ本物なの。

column 尾木ママの「人生ってステキ！」1

ブレイクしちゃって大変よ！

「ボクが昔からテレビに出てるのを知ってる人〜！」

先日の講演のとき、ボクが壇上からそう聞いてみたの。そしたらほとんど手が挙がらなかったわ。そこで、今度は質問を変えてもう一度。

「ボクのこと〝オネェ〟だと思ってる人〜！」

ダーッと手が挙がっちゃった♡　うふふふふ♡

ホントにさんまさんの力ってすごいわよね〜。ボクが教育評論家として、テレビに出始めたのは30歳をちょっとすぎたころからなんだけど、それまで出演していた番組のほとんどが報道番組や教育番組だったの。それが、明石家さんまさんの『ホンマでっか!?TV』に出るようになってから、子どもたちもボクの顔を知るようになって、ものすごいのよ～！　一気に〝尾木ママ〟が浸透しちゃったのね。

この間なんかね、長崎県で講演会をやったときには、予想をはるかに上回る2000人近くの人が〝尾木ママが来るぞ！〟って集まっちゃって会場は満員どころか人があふれちゃって。サインセールでは、人が多すぎて危ないのでロープを張って、ボクにはガードマンがふたりも張りついてくれたの。

愛知県では、ボクが会場を出ようとするんだけど、タクシーのまわりに写メを撮ろうとする人垣が何重にもできちゃったの。タクシーがぐるっと取り囲まれちゃってね。

「キャー!　尾木ママ〜!　尾木ママ〜!」

「握手して〜!!」

「写メ撮らせて〜!!」

やっとの思いでタクシーに乗り込んだんだけど、ドアの隙間から次々みんなの手が入ってくるからドアが閉められないし、囲まれちゃってるから発車できないのよ。やっと発進した〜と思ったらママたちや中学生が走って追いかけてくるじゃない!

もうちょっと怖かったわね。自分で言うのもなんだけど、ちょっとだけヨン様の気持ちがわかった気がするわ〜。

「癒される〜♡」

「笑顔がかわいい〜♡」

なんて言ってくれるでしょ?　それでいて、カタい報道番組で学校のいじめ問題なんかをマジメに話してると、今度は、

「そのマジメな表情もいい〜♡」

ですって。そんなこといままで言われたこともなかったわ。だいたいウチの家族

なんて、ぜんぜんボクに癒されてないもの。教育の〝カリスマ〟なんて言われたのも、生まれて初めてよ。貫禄がない、というのがボクの長所だったんですもの。

いまではマスクをしないと街も歩けないし電車にも乗れないわ。さらに困るのは、本業のとき。現場視察なんかで中学校や小学校に行くときよ。これまでだったら生徒たちと一緒に給食を食べたり、子どもたちの話を聞いたりするのが普通だったんですけど、いまではもうできないわね。ボクが教室に入って行くとキャーッと騒いでしまって授業にならないの～。

先日、中学校に行ったときもあまりに子どもたちが騒ぐから、お昼も仕方なく会議室で給食を食べていたのね。そしたら女子生徒がボクをこっそり探しにきて。

「みんな～！　尾木ママ、会議室にいたよ～！」

もう困っちゃうを通り越して笑っちゃうわよね。

60歳を過ぎてから、自分の人生がこんなふうになるなんて思いもしなかったわ。ホ～ント、人生って、こういう想像もつかないことが起こるからステキなのよ～！

No.6

「新聞記事に○×をつける」と考える力が伸びる

ボクが中学校で国語の教師をしていたときのお話ね。大学卒業後から勤めていた私立高校を辞めて、都内の公立中学校に赴任して間もないころのこと。前の私立校と比べたら、公立校の生徒は、ひとりひとりの学力の差がどうしても大きいもの。

「う〜ん、どうしたらクラスみんな、ひとりひとりの学力をしっかり伸ばしていけるのかしら……」

そこでボクは、授業に身近な新聞記事を活用することを取り入れてみたのよ。

まずはノートに、自分が気になった新聞記事を切り抜いてペタッと貼るのね。

次にその記事に「〇」「×」「?」マークをつける。

たとえば、最近話題になっている領土問題についての記事を切り抜いたとしましょう。〝日本の領土である島の近くに外国の漁船が勝手にやってきたのを追い返した〟という記事。

「ホントだ！　勝手にくるなんてズルい！　ボクもそう思うな」

と、共感した子は記事に「〇」をつける。

「でも、日本が大きな船で追い返した、というのは戦争になっちゃうかもしれないからダメだよ！　心配」

記事の内容に反対の意見を持ったなら「×」。疑問に感じたり、よくわからなかったら「？」をつける。

「○」「×」「？」――たったこの3つの印をつけながら読むだけで、断然主体的に自分の頭で考える力が身につくのよ。

ただ記事の中身をスーッと読み流すだけではなくて、〝自分だったらどう思うか〟ということをしっかり頭の中で考えて「○」「×」を印すことで、一気に子どもの感性を奥深く動かして、自分で考えることができるようになっていくの。たとえ10歳の子どもだったとしても、子どもなりにその記事を書いている記者と

同じような感覚や目線に立って物事を見たり、感じとったりしているわけ。

さて、その「○」「×」「?」の印つけを1か月ぐらいやっていくと、今度は自然と自分の気持ちを表現して、人に伝えたくなってくる。これが第2段階突入ね。自分で「×」をつけたところに、なぜおかしいと思ったのか、その理由も書きたくなっちゃう。書きたくなった理由はもうどんどん書かせてもOK。ノートから多少はみ出しちゃっても構わないから。〝自分がなぜ、そう思ったのか〟という理由を自分でしっかり見つけられる、ということが考える力を養っていくのよ。そして、大切なことがもうひとつ。

「うわぁ、よく書けてるね、なるほど」

「へぇ〜、そう思ったんだね」

ママがその「○」や「×」に答えてあげることが重要なの。子どもは、自分の意見や思いを受け止めてくれる人、認めてくれる人が近くにいると、もっともっとたくさん伝えたくなっていくの。表現したくなるものよ。**実際、ボクが受け持っていたクラスでは全員の〝考えて書く力〟がほんの数か月間で飛躍的に向上しちゃった**

♡　中には、一気に論文クラスの文章まで書いてきてしまった子もいたわね。考える力が上がると、自分でどんどんいいことをやり始めるの。ボクが担任をしていたクラスでは、定期テストの前になると自主的に勉強会をクラスで開くようになったの。ボクはひと言も、やれとは言っていないのに、よ。その教科が得意な子が、〝ミニ先生〟役になってテストの〝予想問題〟のプリントを作って、放課後にみんなでやるのよ。だから、テストのクラス平均点が、どの教科でも学年平均点の20点以上も上なのよ〜。

「尾木先生のクラスの生徒は、集団でカンニングしているんじゃないか？」

なんて、冗談半分で言われたりしたわ〜。子どもは本当に素直なのよ。**考える力が鍛えられていくと、なにを見ても触れても自分なりの意見をちゃんと持てるようになる。そして人に話したくなる。**そうなったら、しめたもの。もう、池上彰さんの話を聞かなくたって、世の中のことをどんどん知りたくなって、しっかり伝える力がついていくわ。

No.7

「朝ごはんを食べる」と成績が上がる

いまボクは本業のひとつとして、大学生を相手に大学で教育学を中心に教えているの。いまどきの大学生も、朝ごはんを食べてくる学生は決して多くないみたい。朝一番に教壇に立った瞬間、**朝ご飯を食べてきていない子、ボクにはすぐにわかっちゃう。目の焦点が合っていないような、ボーッとした感じ。**これじゃあ、講義内容も頭にはなかなか入らないわね。だから最近では、学食で朝ごはんメニューを準備。食べさせる大学もあるぐらいですもんね。残念ながらボクのいる大学では、まだなんだけど。

「朝ごはんをしっかり食べよう！」

なんて言われだしたのは、比較的最近の話。ボクが中学校の教師をしていたころは、朝ごはんを食べてこない子は少なかったの。

それがいまは、パパもママも働いている共働きが当たり前。家族がバラバラにごはんを食べる孤食の時代。ママも夜遅くまで働いていれば、朝なかなか起きられなくて朝ごはんを作れないのは当然よ。

「子どもに手作りの温かい朝ごはんを食べさせたいわ」

そう思っていてもなかなかできない場合もあると思うの。朝ごはんを1食くらい抜いても死んじゃったりはしないものね。

でも、**朝ごはんを食べないと脳が働きださないんですよ。**脳はその活動に大きなエネルギーが必要なの。だから朝ごはんを抜いちゃうと、お昼ごはんまで脳はエネルギー不足の状態が続いてしまうというわけ。そうなれば、午前中の間ずっと勉強の効率が落ちたままなの。エンジンにガソリンが入っていない車はなにをしても動かないのと同じよ！

それが週5日、年間200日続いてごらんなさい。毎日しっかり朝ごはんを食べて1時間目から集中して授業に臨める子どもが、食べてこない子どもよりも成績が上がるのは当たり前よね～。

ちなみにボクは、ごはんとお味噌汁が揃った〝日本の朝ごはん〟が大好きなの♡お味噌汁の具は、定番のわかめと豆腐なんていいわね。おかずは甘塩の鮭が一番。朝から大好物が食卓に並んでいると、それだけでなにかいい一日になりそうな気がするの。でもそういうボクも、最近は忙しくてなかなか……。

「朝4時にテレビ局の車が迎えに来るぞ～！」

なんてときはパック入りのエネルギー補給ゼリーだけ飲んで、飛び出す日もあるの。それでもエネルギー補給は絶対欠かしません。忙しいのなら気負わなくてOKよ！　おにぎり1個でもバナナ1本でもいい。

「行ってらっしゃいの前に、かならずなにか食べさせる！」

そして、できたらママも子どもと一緒に朝ごはんを食べましょう。**なにを食べるかよりも誰と楽しく食べるのか。これが、なににも勝る愛情だと思ってね。**

No.8

学力を上げる晩ごはんは「ハンバーグより サバの味噌煮」

子どもって、どうしてあんなにハンバーグが好きなのかしら？

「今晩、なにが食べたい？」と、聞くと、「ハンバーグがいい！」

そんな子どもはきっと多いはずね。だって、たしかに美味しいものね。ボクだって好きだもの。ハンバーグの次にはカレーライスやオムライス、焼肉にから揚げ、エビフライ……。きっとこんなメニューが続くんじゃないかしら。

「ママ！　ボク、サバの味噌煮が食べたいよ！」

なんてお年寄りみたいな好みの子どもは、ほとんどいないわよね〜。

「せっかく作るのなら、子どもの喜んで食べてくれるもののほうがいいわ」

子どもが好きなものばかり作っちゃうママの気持ちはわかる。

でも、サバの味噌煮が子どもの記憶力を引き上げてくれるとしたら、どう？

「あらっ!?　じゃあ今晩はサバの味噌煮にしてみようかしら……」

なんて思ったママも多いかもしれません。

サバやアジ、イワシ、サンマといった背の青い魚には脳を活性化させ記憶力や学習能力を上げる〝DHA（ドコサヘキサエン酸）〟がたくさん含まれてるの。このDHAは、脳の情報伝達機能をつかさどる神経細胞膜を作る材料になるんです。2010年にノーベル化学賞を受賞した北海道大学名誉教授の鈴木章先生も、子どものころからシシャモをたくさん食べていたんですって。青魚ではないけれど、シシャモもDHAが比較的多い魚。

近頃は魚をさばけないママも多いし、魚が嫌いな子どもも多い。でも、青魚に限らず旬の魚はお肉よりもずっと美味しいの。〝秋サバ嫁に食わすな〟ではないけれど、美味しい味噌煮を作って、子どもを魚好きにさせちゃって！　そして、晩ごはんのときには、こんな魔法の言葉もささやいてみましょう♡

「サバには頭がよくなるDHAがいっぱいだから、ちゃんと食べたら今度のテストで100点取れちゃうかもしれないよ～」

「えっ!?　ホントに！」

きっと、いつもと少し違った味になるんじゃないかな～。

ちなみにボクはサバも好きだけれどもうひとつの秋の味覚、なすが大好き♡　最近は忙しくてあまりできないけれど料理が得意で、娘たちが小さいころは、自分でスーパーへ行ってなすを選んできて、よく台所に立ったわよ。

「今日はお父さんが作ってくれるの？　やった〜！」

喜ぶ娘たちの顔がいまでも目に浮かぶわ。麻婆なすとか、しぎ焼きとか田楽とか……なすは料理のバリエーションが多いのもうれしいわよね。〝秋なすび嫁に食わすな〟とも言うけれどボクに言わせれば〝秋なすび嫁に食わすな、ママには食わせろ〟ね！　うふふふ♡

No.9

「ダイニングテーブルでの勉強」が集中力を磨く

『ホンマでっか!?TV』の収録でのこと。気象予報士でタレントの石原良純さんが、

「子どもが効率的に勉強するために、集中力を上げるにはどうしたらいいか?」

という悩み相談をしてきたのね。

「ウチの子、集中力がなくて……。机の前に30分も座っていられないの」

「宿題やっているかなと思ってこっそり部屋を覗いたら、マンガばっかり読んでいて」

良純さんのみならず、こんなため息ついているママもきっと多いわね。

では、どうしたら子どもが集中して勉強できるようになるか?

答えはカンタン! いっそのこと勉強机で勉強させないで、**ママが晩ごはんの支度をしているすぐ横、ダイニングテーブルで勉強するのがじつは一番いいんです。**

これは、監視できるという意味ではないから間違えないでね。小学生くらいの子どもにとって、集中するために必要なのは安心感なの。

ママがガチャガチャ洗い物をしていたり、トントンと包丁でなにかを刻む音がしていたり……。**〝ママが近くにいる〟ことで安心して勉強もはかどるんですよ。**

自分の部屋や勉強机のまわりは逆に誘惑がいっぱい。ついマンガを読んじゃったり、ゲームに手が伸びたりするのは当然よ。ママの目が届かないぶん、意外と気が散ってしまう経験って、あなたにもないかしら？

ある実験では、**生活音の中にいるほうがかえって集中力が上がる、というデータもあるんです。**考えてみれば、大人だってシーンと静まりかえった部屋で本を読んだり、ひとりでコツコツと勉強するのは大変。ましてや小中学生の子どもに、そんな場所で集中しろというほうが無理よ。

さらに！　ダイニングテーブルで勉強することは、ママにとってもいいことずくめ。たとえば子どもが算数の宿題をやっていて、そのすぐ横でママは洗い物をしています。

「ママ、これは分数で表すとなにになるのかな？」

「どれどれ？　これはね……」

と、ちょっと手をふいてすぐに見てあげられる。すると、

「いま、学校でこんなところを習ってるんだな」

「こういうところが苦手なのね、ウチの子は」

日常生活の中で、細やかに見てあげられる。**子どものいまを知っていると親の子どもへの理解も深まり、子育ての力もアップ。子どもとの信頼関係も深まります。ひいては子どもの学力や成長に大きな差がでるの。**だから、

「ぜんぜん自分の机で勉強しないじゃないの！　なんのために机があるの！」

なんて叱るのは大間違いよ。ただ机に縛りつけていても、勉強が嫌いになるだけ。

まずは安心感のあるダイニングで、勉強する習慣を身につけさせることこそが大切。

No.10

○○メソッドや△△式に「ダマされないで」

近ごろのママは、みなさん流行に敏感よね。わかるわぁ！　ボクもおしゃれは大好きだし、この冬はキャメル色が流行なんですってよ！　昨日も、娘とショッピングして素敵なセーターをゲットしちゃったわ♡

でも、ちょっと待って！

流行りのスイーツに行列するみたいに、教育に関しては簡単に行列に並んじゃダメ！

たとえばほら、いま、ブームになってるヨコミネ式や百ます計算の陰山メソッド――〝脳トレ〟ブームやテレビ番組の人気も手伝って本当にいろいろな勉強法や学習メソッドが出てきているわよね。

「百ます計算は、子どもの頭もよくするんですよ」

そんなママの心をくすぐる売り文句に、うっかりだまされちゃう気持ちもわからなくはないけど……。そんなことをしなくても、小さい子どもの能力はトレーニングさえすれば誰でもグーンと伸びるものなの。それだけ頭の中も身体も子どもはすごく柔軟で、どんどん吸収していく時期なのね。

それだけ子どもが元々持ってる力っていうのはすごいんです！

その結果、瞬時にものすごい暗算ができるようになったり、跳び箱10段跳べちゃったり、小学校低学年で6年分の勉強を終えちゃったりできるだけのこと。

でも、ボクはハッキリ言うけれど、それができたからって「で、なんなの？」。それが子どもの能力の良し悪し、人生を左右するわけでもなんでもないじゃない？跳び箱10段跳べたからってオリンピック選手になれるわけではないし、何十桁もの暗算ができたからって、ノーベル賞をとれるわけではないでしょ？

そりゃあ、計算が遅いより早いほうがいいわよね。スーパーへママのお使いに行ってもおつりの計算にも困らないし。問題を正しく回答できれば子どもたちは達成感や満足感を得られる。

ママにとっても、結果が目に見えてわかりやすいから、子どもをほめやすい。子どもをほめるということは、子どもをグングン伸ばしていく、子育てに欠かせないとても大切なこと。だから、一概に悪いとだけは言えないけれど、子どもに勉強をさせる上で一番大切なのは、答えや結果にたどり着くまでのプロセスなの。

子どもに本当の学力をつけさせたいなら、結果よりも過程よ。反射的に答えを出すことなんか二の次。もっと言えば、答えなんか間違っちゃってもいいんだから！

失敗したら、その失敗した過程の中で、「いろいろやってたら、こんな発見しちゃったぜ！」「こんなやり方もあるんだ！」

そうやって子どもが自分でつかむこと

がなにより大切。あれこれ楽しみながら苦労しながら、自分なりに努力して探究して創造していく力を養うことが、ホントの勉強なのよ。

ガリレオやエジソン……偉大な学者や研究者、科学者たちがそうであったように、きっと、〝未来の学者〟たちも、失敗だらけの中から新たな発見をするんじゃないかしら？

だからママたちも、テストの点数や間違えた答えだけを見て叱ったりしないこと！　じっくり失敗につきあってあげてね♡　そこは流行に惑わされないで、見極めるママの力が必要よ！

column 尾木ママの「人生ってステキ!」 2

お母ちゃん大好き! だった子ども時代

ボクにとって母は、理想のタイプの女性でしたね。ほとんどマザコンよ。自分で言うのもなんだけど、大きくなってそこから抜け出すのが大変。

なにしろ母という人は相当にデキる女性で、母よりステキだな、と思える女性がボクのまわりには見当たらないんだもん。滋賀県の婦人会の会長をやったり、少年院から出てきた子どもたちの保護司をしたり……。リーダーシップがあって、人とのコミュニケーション能力が高くて、交渉ごとも母に任せておけば、どんなこともうまくいったわね。

そしてやっぱり、いい意味で教育ママだったわ。文章はうまいし、字はきれいだし、絵のセンスもあったの。だからボクが作文を書くと、すぐにアドバイスをくれるの。

「直樹、ここは〝体言止め〟を使ってごらん？　もっとよくなるんじゃない？」

なるほど、グッと作文がよくなるの。写生の宿題もそうだったっけ。

「直樹、ちょっと筆をかしてごらん。木にこうして影をつけると立体的になるかもしれないねぇ。それから同じ緑色でも、葉っぱの色の濃さが違うんじゃないかね？」

正解じゃなくて、とても上手にヒントをくれていたのね。

ボクが住んでいた関ヶ原のあたりは雪がよく降るの。だから子どものころからスキーが大好き。こう見えて1級も持っているし、スキーのインストラクターもやっていたことがあるんですよ～。意外でしょう？　運動は得意だったんだから♡　中学1年生のときはダウンヒルという種目で3位に入って、中日新聞にも載ったの。母がそれをすごく喜んでくれて、子ども心にうれしかったわね。

ボクが高校生になっても、数学の問題がわからないときに母に聞くと一発で解決。

「お母ちゃん、こんなの習ってないからなぁ」

って、言いながら教科書を読んで、あっという間に解いちゃうの！　応用力があってなんでもできる、ホントに頭のいい女性だったわ。

反対に父は国家公務員。気象予報官だったから、お役所で威張ってるみたいなところがあったでしょ。だから他人とコミュニケーションとか交渉事がうまくないのね。

魚屋さんにお買い物に行っても、父だと安くならないのに、母がなにかちょっと

言うと必ずまけてくれるの。

「直樹、勝とう勝とうと思ったらダメなんだよ。〝負けて勝ちとれ〟なんだよ」

そう言っていつも笑ってたわ。

「お父さんはなにもできないから、お父さんより先に死ねないわ」

と、言っていた母は、一昨年、父を見送ったわずか3か月後、それも、父の月命日に亡くなりました。

そんな母をボクは心から尊敬していたし、大好きだったわ。尾木ママの生き方、人間としての土台は、完全に母によって培われているわね。

No.11

夏休みの読書感想文は「下手でＯＫ」

小学生の夏休みの宿題と言えば、いまも昔も読書感想文は定番よね。だいたい400字詰め原稿用紙2枚分くらいかな。指定された本を読んで感想文を書く。全国規模のコンクールもあるから、読書感想文というのは全国共通ね。でも、定番のわりには、苦手で嫌いな子どもが多いのよね。きっとママたちの中にも、

「読書感想文を書くのが、すっごくイヤだったわぁ」

なんて、苦手意識を持ってる人が多いんじゃないかしら。一体、なんでそんなに読書感想文は嫌われちゃったのかしら？

それは、指導する先生のほうに問題があると思うの。

まずは、先生が完全に子どもまかせのパターンね。

いままで読書感想文の書き方を学校で教わったことありますか？ これだけ全国区のテーマなのに、キチンと教わったことがある人は意外と少ないんですよ。

「本を読んで感想を書いてきなさい」

先生にそう言われたって、なにをどう書いていいかわからないわよねぇ。そうなると、どうなるか？ 普通の子どもだったら、その本のあらすじをなぞってしまう

のは、当たり前よ。だから〝感想文＝あらすじ〟を書けばいい、と思ってる子どもが多いの。

もうひとつは、これとは反対で先生が大マジメな場合。これも意外とダメ。

国語の授業で、

「このお話のテーマはなんでしょう？」

「筆者が訴えたいことはなんだったんだろう？」

なんて、先生に聞かれるでしょう？　だから子どもたちは感想文を書くときにも、必死に頭をひねりながら本を読むんです。でも、それでは読書なんてまったく楽しくないじゃない？

読書はまず第一に、本を楽しむこと。

その根本にある喜びをうっかり忘れてしまっては本末転倒よね。まずは本を楽しむこと、読書がおもしろいってことを知ることが子どもには一番大切なの。読書感想文への取り組みもそこがスタートだったはず。

では、どうしたらいいのか？　感想文はまとまりがなくたっていい。もっとハッ

キリ言えば下手でいいのよ。

自分が、「ああおもしろかった！」と、感じたところをずんずん掘り下げれるようにするだけでいいの。主人公がなにを考えていたかとか、作者はなにを訴えたかったのか、テーマなんて全然気にしなくていいんだから！

「ボクはここがワクワクドキドキした」

「なるほど！　こんなことがわかっちゃった！」

「悲しくて涙がでそうになっちゃった」

どうしてそう感じたのか、自分の気持ちに聞いてみるだけ。もうそれだけで立派な、その子だけのオリジナルの感想文よ。だから自分の感じ入った部分が物語のクライマックスとまったく別の部分だって全然かまわない。どう、簡単でしょ？

そうやって書いてみたらスラスラ書けちゃうわ。改行をたくさんしたり、漢字で書けるところをひらがなで書いて無理やり文章を延ばして、

「やっと、２枚書けた！」

なんて、苦しい思いをして書く感想文とはサヨナラ。ちなみに、ボク、この方法

で全国の読書感想文コンクールで入選したこともあるの。経験的にも自信アリよ！

No.12

「100点とったらごほうび」がヤル気を下げる

「勉強なんて大っ嫌い！」

「だってつまらないし、友達と遊んでいたほうが楽しいもん！」

そういう子どもが多いけれど、そんなのもったいないわぁ。だって、学ぶことって本来、すごく楽しいことなんだもの。いったい誰が、

「勉強は努力するもの、苦しいものだ。だって〝強いる〟って書くもの」

って教えてしまったのかしら。


子どものころの学びというのは、ほとんど遊びから始まります。たとえば、草むらで虫を見つけて追いかけているうちに、ふっと興味の種が芽を出すの。

「なんで、蝶はこんなに小さくてボクより力がないのに空を飛べるんだろう」

すると、ママが「調べてみなさい」なんて言わなくたって、自分からすすんで図鑑を見て名前や特徴を覚えたり、もっと細かく観察したり、飼ってみたり、いろいろなところで深い発見を自分からしていくでしょう？

漢字を覚えることにしてもそう。ノートや練習帳にただ繰り返し書きとり練習したってておもしろくもなんともないですよ。だけど、

「〝馬〟という字は、馬が走っている絵がそのまま字になっちゃったんだ！」

「〝火〟は、たき火が燃えている様子なんだ〜」

なんて、漢字の成り立ちから入っていければ、子どもたちの想像はどんどん大きくなっていく。

「へぇ、昔の人たちってすごいなぁ」

「じゃあ、あの字はどうやってできたんだろう？」

学ぶこと、知ることはおもしろいんだと体験的に味わうことが大事なのよね。

小学校は勉強の楽しさ、おもしろさを知る場でいいんですよ。

だから、勉強にごほうびは必要ないの。

「100点とったらゲームを買ってあげる」

そんな約束、ついしちゃったことない？　**一見、子どものヤル気をかきたてる方法に思えなくもない。でも、それは大きな間違いよ！**　そのたった一度のごほうびが、結果的に子どものヤル気を下げてしまうことになるの。

最初のうちは、ごほうびの効果があるかもしれません。ゲームを目当てに頑張って簡単に100点がとれるかもしれない。でもそれは一過性。だって、学年が上がっていけば覚えることもどんどん多く、問題も複雑になっていくでしょう。

そうなると、100点はピタッと止まる。ごほうびの効果が消えるの。

勉強の本当のおもしろさ、知識を吸っていく快感がないと、ついていけなくなるのよ。中学、高校と上がっていけばいくほどそうなっていくのね。

いままで100点がとれていたテストが、90点になり、80点になり、やがてクラスの平均点がやっと……なんてことになる。100点がとれなくなると、ごほうびをもらえないわね。**これまで手に入れることができたものが急になくなると、子どもはふてくされるんです。ヤル気がなくなってしまう。**こうなったら悪循環。勉強はまったく楽しいものではなくなってくるの。

勉強、学ぶことは本来、とても楽しいことなの。そして「新しいことを学びたい」という欲求や探求心は、子ども自身の中からわき上がってくるものなんです。馬がたてがみをなびかせて走る姿が〝馬〟という字になった、ということはテストで点数をとるのには必要ないかもしれないけれど、子どもが本当の学力を身につけていく上ではとても重要なきっかけになるの。

100点という結果ではなくて学び続けるという過程を大切に。

ちなみに、ボクが勉強を好きになったきっかけは、やっぱり国語。

本を読むのが大好きで、友達と競い合うようにして図書室の本を片っぱしから全部読み切ったの。だって、本の中にはボクの知らないお話や歴史、不思議がいっぱい詰まっているんだもの。友達との競争もはげみになったわ〜。そのうちに自分で詩を書いたり、物語を書いたり、本に載っていたことを別の辞典や辞書で調べたり……。ゆっくりゆっくり、でも確実に世界を広げていったわ。

だからママたちには、子どもの学びの芽、ヤル気の芽を摘み取らないで待ってあげて欲しいの♡

No.13

新しい問題集より「1冊を何度も繰り返し」

いまはもう通信教育やら、中にはインターネットでも、いろんなドリルや問題集の勧誘がいっぱい来るわよね。もちろん書店へ行けば、問題集や参考書は山のようにある。

「どれもよさそうで迷っちゃうわね……」

なんて言ってる場合じゃないわ！　問題集も参考書もなんでもかんでもがむしゃらにやればいいってもんじゃないのよ。小学生のうちはそこまでやる必要はないけれど、特に中学の2年以降は、いい問題集が1冊あれば、それを繰り返し何度もやるだけで充分に力がつくの。理由はカンタン。**2回目、3回目と同じ問題をやっていくうちに気づくのよ、自分の弱点に。**

「あれ？　また同じ文章題で間違えたな。計算だとわかるけど、文章題が苦手なんだな」

「分数の割り算でケアレスミスが多いわね。じゃあ、ここまで戻ってやってみよう」

自分の弱点がハッキリと浮かび上がれば、克服もしやすい。〝どこがわからないのか、わからない〟なんてこともなくなります。

それにね、使い込んでいくうちに自分で書き込みをしたり、ラインマーカーを引っ張ったりしているうちに、〝自分なりの問題集〟ができてくるの。

手垢がついたり汚れてくると、

「ボク、こんなに頑張ったんだな」

という実感になって、自分の励みにもなるのよ。辞書もだんだん使い込んで汚れてくると愛着がわいてくるでしょ。最近の電子辞書はもちろん便利だけれど、体に染みついた生身の感覚は、物事の記憶にとても役立つの。

では、〝いい問題集〟の基準ってなんでしょう？

学校の先生に相談してみるのもいいし、近所で評判の勉強ができるお兄さんお姉さんたちのママに、使っていた問題集を聞いて選ぶのもいいわね。でもボクは、最終的に1冊子どもに選ばせてみることをオススメするわ。

もちろん、その前段階としてママの目から見ていいと思う問題集を3冊くらいに絞り込んでおくの。その中から、

「さぁ、どれがいい？　どれでも気に入ったものを選んで」

って、子どもに選ばせるんです。そこから先は子どもの感覚。活字の色や大きさ、イラストの好みや、紙の手ざわり、手に持った感じなどフィーリングで選ばせればOK。

そうやって自分で選んだものだと愛着がわくでしょう。自分で決めたから、〝やらされてる〟感じが少なくて抵抗感がないのよ。**これは幼児期からの子育ての上でも、とっても大切な〝自己決定〟ね。自分で決めることで、主体的に生きるパワーをも生み出していくの。**それは、きっと1冊の問題集を使いこなしていく力になるわよ。

No.14

〝1年後〟ではなく「とりあえず明日の目標」を立てる

心理学でも言われていることなんだけれど、**1年という〝期間〟での目標よりも、〝大目標〟〝中目標〟〝小目標〟と段階的に目標を立てたほうが計画の達成率が高いんです。**

じつはボク、こう見えても足が速くてかけっこが得意だったのよ♡　それで、というわけでもないけれど教師時代に陸上部の顧問をしていたこともあるの。そのときに、ものすごく成果を上げた方法を紹介しちゃう！

まず一番大きな目標〝大目標〟を考えるの。陸上部では、これ。

「地区予選を突破して県大会に出るぞ！」

大目標を掲げると、県大会に出るためにはどんな成績が必要になるか、が設定できるようになります。これが中くらいの目標〝中目標〟。

「今度の市内の大会で3位以内を目指そう」

市で3位を目指すとなると、そのために必要な練習や弱点を克服したり長所を伸ばすトレーニングを具体的に考えるの。

「基礎的な走力をつけるために、毎日ランニングを7キロ走ろう」

「瞬発力をつけるのに、インターバル走を50本やろう」

日々やりとげないといけない具体的なメニュー〝小目標〟が立てられるの。こうして3ステップで目標を立てることによって、ただ漠然と、

「1年後に県大会に出たいな〜」

と、考えて練習するよりもよりハッキリとした地点に向かって、毎日少しずつ取り組めるんです。

小目標は、とにかくハッキリ具体的に。そして、この小目標には、すごく大事なポイントがもうひとつ。

〝頑張ればなんとか達成できる内容にする〟ということ。

教育学や心理学では〝セルフエスティーム〟と言うのだけれど、つまり自己肯定感がグーンと高まるの。**この「自分はできる、やれる」という感覚が、子どもたちの力を100%以上引き出してくれるの。**中目標、大目標までも達成させるパワーになるのよ。気がついたら大目標もあっという間に制覇して、もっと大きな目標を目指すなんてことも夢の話ではないのです。

最近はボク、フィギュアスケートの浅田真央ちゃんのことがとっても心配なの。以前はあれだけ楽しそうにのびやかにスケートしていたのに、一時期、

「全然、ジャンプが跳べないですね」

「うまくいかないんです。ダメですね」

なんて、ちっとも楽しそうじゃなかったでしょう。真央ちゃん自身が、自分をもっと肯定的に見られると、きっと、昔よりもっと高くきれいに跳べると思うんだけどな。

No.15

公立中高一貫校には「〝向いている子〟〝向いていない子〟」がいる

この間ね、大学で講義をしているときに学生たちに聞いたのよ。

「みなさ〜ん、日本で〝中等教育〟〝高等教育〟というと、どの時期のことを指しますか?」

って。すると、ほとんどの学生がこう言うの。

「中等教育は中学校のことですよね。高等教育は高校のことでしょう」

この本を読んでいるママの中にも、そう思ってる人が多いんじゃないかしら?

答えはNOね。正確には、小学校が初等教育、中学&高校時代が中等教育。そして大学や大学院が高等教育に分類されているの。その中等教育の時期は、子どもたちが自立へ向けた生活の基盤を作ったり、幅広い教養を身につけながらそれぞれの個性を磨いたり、友情関係の中で自分を探っていくとっても大切な時期。

さらに、**自分がその先の高等教育でなにを学びたいか、将来はどんな仕事につきたいかをじっくりと考えて人生をデザインする〝キャリア教育〟のタイミングでもあるの。**じっくり人間性を育んでいくには、それなりに長い時間と連続性を持った教育が必要。だから、中学〜高校の6年間は連続しているのが本来の姿ね。

だけど、日本では多くの場合、中学校と高校は受験で分断されていますよね。いわゆる〝15歳の壁〟高校受験という高いハードルが、その大切な中等教育の時期を分断してしまって、**教養や広い視野を身につけるどころか偏差値重視の詰め込み式の受験勉強に貴重な時間が費やされてしまっているのよ！**　こんな状況は、いまや先進国の中では日本ぐらいよ！　携帯電話だけじゃなくて教育もガラパゴス化してしまっているの。

私立の中高一貫校には単に受験校というだけでなくて、こうしたメリットもあるわけ。

ただ、いまの私立の中高一貫校ブームにも問題はあるの。

小学生の高学年で受験勉強を強いられて、まだ未熟で未発達な子どもが自分の意志で、自分の個性に合った学校を選んでるとは思えないもの。つまりはママやパパの言いなり。さらに言うなら塾の言いなりでしょ？　その子どもの偏差値を見て〝合格できそうな〟学校を選んでるだけ。

そんな中で、1999年に新たに誕生したのが公立の中高一貫校。都道府県や市などが主になって設立し、授業料自体は無償だから、6年間の学費は私立に比べれば格安。

しかも！　それぞれの学校が独自の教育方針を打ち立てて、ゆとりのある長期的な視点でのカリキュラムを組み立てているの。たとえば、総合学習を重視して地域の人たちや企業、大学、研究所と連携した体験活動や、自然体験、ボランティアといった幅広い教養と知識を身につけられるようになっているんですよ。単に有名大学進学だけを目指すのではなく、個性豊かな子どもを育成しよう、というのが公立中高一貫校の目的なの。公立中高一貫校を設立するにあたって、国会で〝受験校化、エリート校化しない〟という条件がつけられたためでもあるの。

だからママも〝私立よりはお安い受験校〟という意識で公立中高一貫校をとらえるのは間違い。もちろん、結果として受験校化、進学校化しているという事実はあるけれど。

さらにもうひとつ。受験を考えているママたちがしっかり見極めないといけないことがあるの。そうした特色にぴったりマッチする公立一貫校への進学に向いてい

る子どももいれば、あまり向いていない子どももいるということ。

向いてる子どもは、性格的な面で言うと、なにごとも積極的で、みんなと力を合わせてなにかを成し遂げることに喜びを感じるタイプ。反対に、自分ひとりでコツコツやっていくような子どもは不向きかもしれないわね。

それに6年間という期間は、多感な時期にいる子どもたちにとってはとても長いの。いくら公立一貫校といっても万能ではないんですよ。いじめもあるかもしれないし、どうしても仲間に入り込めないこともあるかもしれない。勉強についていけなくなってしまう子どももいるかもしれないわ。子どもにとって6年間環境をリセットできないというリスクもある。だから、**まずはママが進路を決める前に、子どもとじっくり話し合って欲しいと思うの。**

column　尾木ママの「人生ってステキ！」3

奥さんとの出会い、そして恋

マザコンから抜け切れなかったボクだけれど、とうとう運命の出会いがあったの♡　それが奥さんね♡　彼女はもう天然も天然。ボクの好きな中村玉緒さんを3倍パワーアップしたような自然体……と思ってもらったらいいんじゃないかしら。出会ったのは早稲田大学時代。いまはもうなくなってしまったけれど、当時は学部を卒業した後に専攻科というところがあったの。ボクと彼女は、その専攻科の同級生なんです。

初めて彼女を見たときの第一印象は、

「個性的な人ね～」

いつも授業に遅刻して来るのに教室の前の入り口から堂々と入って来るじゃない？　講義をしている教授の横に立ってキョロキョロ。〝どこか空いてる席はないかなぁ〟って、見てるのよ。普通は、後ろからそっと入ってくるものでしょ？　それも、一度や二度じゃなくて毎回そうなの。そんな彼女のことがすごく新鮮に輝いて見えたのね。

「なんて素朴で自然な女性なのかしら♡」

って、ふっと魅かれちゃったの。

「ここいい？」

あるとき、やっぱり遅刻してきた彼女がボクの隣の席に座ったことがあって、授業が終わったあと、

「一緒に帰らない？」

って、ボクのほうから誘ったの。ボク、意外と肉食系なのよ♡　ふたりで高田馬場駅まで歩いて『ルノアール』っていう喫茶店に入ったの。いまでもあると思うんだけど。そこでお茶に誘って、おしゃべりしたのが最初のデートだったわ。

急接近したのは、新潟県にある彼女の実家に行ったとき。

ボクは、松尾芭蕉の『奥の細道』を研究する論文を書いていて、仕上げにその芭蕉の足跡をたどる旅をしていたのね。新潟に入った時に、

「そういえば、このあたりに彼女の実家があったハズだなぁ」

と、思い切って奥さんの実家を訪ねちゃったのよ～！　いま思い返すと、よくやったわね～。

夏休みに突然やって来たボクを、彼女は笑顔で出迎えてくれてね。せっかく日本海まで来たんだから、とふたりで海へ遊びに行ったの。

ところがそのとき、ボクったら岩場で足の裏をざっくり切ってしまったのよ。それがまた大変な田舎で病院がなくて、車で連れて行かれたのが元軍医がやっているという内科医。

「麻酔はないけど我慢できるか？」

そうして、麻酔なしで傷口を縫ったのよ～。もう痛くて痛くて……。傷口がふさがるまで歩けないじゃない？　抜糸するまで彼女の実家に泊めてもらうことなっち

ゃった。

それがきっかけで、仲良くなっていったのね。

それから2年ほどで結婚。

〝怪我の功名〟とはこのことよね。彼女は、地元ではよく知られたお茶屋さんの長女だったの。いわゆるお婿さんとりのお嬢さん育ちね。だから結婚当初は、おっ味噌汁の作り方も知らなかったのよ〜。料理だけじゃなくてお掃除も子育ても、ボクのほうがなんでも上手だったんだから。でも、奥

さんは素のまま。決して無理をしない。

「パパ、ごめんなさいね〜。私は上手にできなくて〜」

頑張ってみる、なんてひとことも言わない。ありのままの女性なのよ。

〝ありのままにいまを輝く〟

色紙にいつも書いているボクの生き方のモットーは、奥さんの生き方から学んでることなの。

「無理することはない、それでも60歳まで生きてるじゃない！」

そんな奥さんとボクの母が初めて会ったとき、

「直樹は、なんて愉快な人を選んだんだろう？」

と、本気で思ったそうだけれど、亡くなるときに彼女を呼んで、こう言ったそうよ。

「直樹が活躍してるのは、あなたのおかげよ。ありがとう」

彼女と結婚したのが26歳だったから、もう37年になるのね。ボクは奥さんと結婚して、本当によかったわ。言うことやること全部が楽しいの。存在自体が愛しいんだもん。彼女のおかげで、ボクの人生にはいつも笑いが絶えないのよね。

2

子どもがグングン伸びる「叱らない♡」子育て術

No.16

3歳までに脳の発育が決まるは「真っ赤なウソ」

いまのママたちはちょっとマジメすぎるわね。というよりも、情報を鵜呑みにしすぎなのかもしれない。

たとえば雑誌に《脳の発達は3歳までに決まる！》なんて書かれてあったらもう大変！

「ウチの子も3歳までにトレーニングさせないともう終わりだわ！」

そんなママは極端に考えすぎ。もし本当に3歳までに脳がどれだけ発達するかが決まっていたら、これから小学校に入学する子どもはどうしたらいいのかしらね？もう成長できないっていうの？　そんなバカなことはないわね。『ホンマでっか!?TV』でご一緒していて、ボクの尊敬する脳科学者の澤口俊之先生は、「子どもが生まれてからすぐに20分くらい母親に抱かれるというのは、脳科学的には非常に効果がある」

とおっしゃるわね。これは、人が信じていいものなのだという〝基本的信頼感〟を形成する上では不可欠だと思うの。正しいのよね。でも、実際、そんなふうに抱かれていない子どもだって多いわよね。そこでどうするか、これが大切。ここからがボクの教育学の出番かしら？

最近では、ママのお腹の中にいるときからの胎教だとか言って、ママが英語の音楽を聞いたり英語のドラマを見たりしているけれど、いざ赤ちゃんが生まれてきたら英語なんてどっか行っちゃうでしょう？

「まぁ、かわいい……！」

「生まれてきてくれてありがとう」

そんなセリフを、ママやパパが赤ちゃんにわざわざ英語で言うかしら？

そんな〝作られた早期教育観〟というのは間違ってるんです。真っ赤なウソよ。

たしかに、ことわざにも〝三つ子の魂百まで〟とあるくらいだから、幼児期の体験や子育てが多かれ少なかれ影響をおよぼすのは確かよ。でも、それがそのままその子どもの発育や成長のエネルギーになる、ましてや一生を決めてしまうようなことは決してありません。

〝子育てに手遅れはない〟

これ、教育研究者としてのボクのキャッチコピーなの。**いくつになっても、学び**

直しも、育て直しも、成長もできる。そうじゃなかったら、生きていくことに希望がなくなっちゃうじゃないの。

　ひと昔前だったら、こんな迷っているママを、近所のおばあちゃんやおばさんたちが、こう笑いとばしたはず。

「なにが3歳までに英語よぉ！」

「あんたなんか、ほったらかしで育ったけど、立派に育ってるじゃないの」

　励ましてくれたり、アドバイスをくれたりしたわよ

ね。それで、ホッとしたり、ふっと視野が広がったりしたものよ。核家族のいまはママひとりで全責任を感じて、うまくいかないと自分のせいだと思ってしまうのね。だから、情報に頼ったり不安に思う気持ちもわかる。

でもね、情報に不信感を持てということではないけれど、それはそれ。他人は他人。**あなたなりの感覚、良識で考えていいのよ。理屈や理論じゃなくて、もっとシンプルにうんと子どもを愛してあげたらいい。**３歳の子どもが欲しているのはママの愛なんだから♡

No.17

口が裂けても「〝やめなさい〟〝早くしなさい〟は言わない」

「もう！　早くしなさい！」
この言葉、みなさんはけっこう日常的に使ってるんじゃないかしら？
そうよね、ママは忙しいもの。毎日、やらなければいけないことが満載。自分で
も言いたくない、と思っていても、つい口をついて出てしまうことも多いと思いま

すよ。

でも、考えてみて。そんなあなた、子どもが赤ちゃんのときにも、「ちょっと！　早くしなさいよ！」って叱ったかしら？　叱らなかったわよね。時間のかかる授乳や突然の夜泣きなど、大変なこともいっぱいあったけれど、きっと赤ちゃんと一緒にゆったりした時間を過ごしていたはずですね。

ところが、子どもが保育園や幼稚園、小学校などに通うようになってから、急に子どもをせかすようになったと思わない？

それはね、**ママの心の奥に根づいた集団生活における効率主義的な考え方、競争主義的な価値観がそうさせていくの。**

「勉強も生活も、みんなについていけるようにしないと」
「落ちこぼれないようにさせなきゃ」
「とにかく、なんでも早くできたほうがいい」

そんな考え方が無意識のうちに働いてるからだと思うのよ。

もちろん、自分の子どもへの期待もあるわね。

「もう年長さんなんだから、これぐらいちゃっちゃとできるはず」

「私も忙しいんだから、さっさとして欲しいわ」

でもその期待は見方を変えると、成長してきた子どもにママのほうが甘えてる、とも言えるんじゃないかしら。

現代生活はたしかにせわしなくて、大人も子どもも余裕がないけれど、

「早くしなさい！」

という言葉こそ、子どもの自発的な成長を妨げてしまうの。

朝、保育園に行くときになかなか靴を履かなくて、ついにはなにやら玄関の隅を見つめて遊び始めてしまったとするでしょう？

「なにグズグズしてるの！　早くしなさい！」

そのひと言で、子どもの好奇心も自発性も失われちゃうのよ。ひょっとしたらそのとき子どもは、玄関の隅っこにエサを一生懸命運んでいるアリさんを見つけたのかもしれない。子どもにとっては大きな発見よ。しかも興味を持ってジッと観察し

ていたんだから。好奇心や自発性の芽を摘み取らないように、子どもに呼び掛けたらどうなるかしら。

「あら、アリさん見つけたの？　すごいね〜！　じゃあ、アリさんたちがどこに行くのか一緒に探検してみようか？」

「うん！」

きっと、さっさと靴を履いて喜んで外に出ていきますよ。

「早くやらせないと……」

なんて、**目先のことだけにとらわれていると、かえってママの言いなりにしかなれない、言われないとできない子どもになっちゃう。**

のんびりした子どもはダメなのかしら？　のんびり屋さんの中にはたくさんの輝きがつまっていることを、焦っているママはきっと見逃している。

ひとつのことをキチンと一生懸命やる姿、独創性やていねいさを持っているじゃない。運動会の徒競走でいつもビリの子が、最後まで全力で必死に走っている姿に感動したことあるでしょう。子どもには早い遅いでは比べられないひとりひとりの素晴らしい個性があるんだもの。

「早くしなさい」と同じように「やめなさい！」「ダメよ！」という言葉も、子どもの行動を抑え込んでしまったり、興味や可能性を封じ込めてしまうことになるわ。

子どもは、あらゆることに関心を寄せて、想像をふくらませて楽しみながら、じっくり、ゆっくり遊びながら心豊かに育っているの。そのための時間なんだから、たっぷり使わせてあげましょ。靴が早く履けなくたって、地球がひっくり返るわけじゃないんだから♡

No.18

「ママから〝どうしたの？〟」と聞くと子どもが素直になる

学校の先生にも言えることなんだけれど、どうしてもっと、子どもたちにたずねないのかしら？　先生は生徒に、ママは子どもに〝教える〟のが普通で〝たずねる〟という発想があまりないみたいね。もしかしたら、聞くのが怖いと思っているところもあるのかも知れない。

でも、わからなかったり迷ったりしたら、子どもにズバッと直接聞いちゃったほうが案外うまくいくの。

幼児期の子どもは好奇心と知識欲の塊で、毎日が、

「ねぇねぇママ！　これ、なぁに？」

「どうしてこうなるの？」

の連続です。一度、逆にママから「これ、なぁに？」と聞いてみましょうよ。子どもの想像力や発想力がふくらんで、思いがけない言葉が返ってくるかもしれないわよ。そうやって、子どもになにかをたずねるときに一番いい言葉は、

「どうしたの？」

子育てのどんな場面でも使える大切な魔法の言葉よ♡

たとえば、子どもが靴も履かずにパーッと外に飛び出して行ったとき、とっさに、

「ダメじゃないの！　靴下が泥んこだらけでしょ！　あ〜あ、また洗濯物が増えた」って叱ってしまうでしょ。もしかしたら、ピシッとお尻のひとつも叩くかもしれない。でも、そこでちょっと待って！　子どもには子どもの理由がきっとあるから。

「靴を履かずに、どうしたの？」

「あそこに子猫ちゃんいてカラスにいじめられそうになってたから、追い払ってあげようと思って」

理由も聞かずに誰かから頭ごなしに怒られたら、ママだっていい気分はしないわよね。靴下が汚れるのもかまわず、あなたの子どもは子猫を助けに行ったのよ。そこで怒鳴りつけていたら、きっと次、その子どもは子猫を助けに行かないわね。だってママに怒られるんですもの。

逆に靴下が汚れたくらいならいいけれど、いけないことをしたときには、しっかりダメだということも教えてあげることももちろん必要ね。それも「どうしたの？」で始めてみましょう。

普段は仲のいい姉妹なのに、お姉ちゃんが妹を叩いていたら。

「どうしたの？」

「いまね、○○ちゃんがライターで遊んで危ないことしたから、思わず〝ダメ〟ってぶっちゃったの」

「あら、ちゃんと妹のことを見てくれていたのね。ありがとう。でも、そういうときは、ぶつんじゃなくて、〝危ないよ〟って教えてあげるといいかもしれないよ」

そうしたら、きっと子どもは「わかった！」と言って、ママに抱きついてくるわよ。

「これなぁに？」「どうしたの？」は、子どもの主体性や意欲をかきたてるキーワード。いままで、

「たずねて損した」

「聞かなきゃよかった」

っていうことは一度もないの。これはボクの信念とも言えるわね。

No.19

〝ありがとう〟〝ごめんなさい〟は「ママから先に」言う

さぁ、自分の胸に手をあててみて。この3日間で子どもに、

「ありがとう」

って、何回言ったかしら？　もしかしたら一度も言ってないママもいるんじゃない？　もうひとつ。なにか失敗したとき、うまくいかなかったときに子どもに、

「ごめんね」

って言えたかな？　なかなかすんなり言えないことが多いと思うの。

ママに「ありがとう」「ごめんなさい」と言われるだけで、子どもの自己肯定感はうんと強化されるのよ。だって、ママが自分に感謝してくれてるわけでしょ。そして、ママが自分にあやまってくれたんだもの。

「いいこと、正しいことをしたら、人からちゃんと感謝される」

「いけないこと、間違ったことをしたら、キチンとすぐに謝る」

ママがそんな姿を見せてあげられたら、こんなに素晴らしい道徳教育はないわよ。

子どもにとって、普段のママやパパ、先生は、すごく大きな存在。だけど、そのときはママの目線が身長100㎝の子どもの目線に降りてくるんです。それこそ肩

ひじ張らない、素直な人間関係が築けるの。そうなったらきっと、自然に、

「ありがとう」

「ごめんなさい」

が言える、素直な子どもに育つと思うわ。

ママが意固地になって、

「大人の言うことはいつも正しいんだから」

「ママはちゃんと考えてるんだから大丈夫」

「大人になればわかるわよ！」

なんて上から目線で子どもと向き合わないでいたら、子どもが中高生になってもいい関係は築けないいんじゃないかな。

〝子は親の背中を見て育つ〟

よく言われるけれど、老いていくうすら汚い背中なんて見せることないのよ。**教育とは、〝共育〟。ママも子どもも素直に向き合って、ともに育ち合うということなの。**

余談だけれど、ボクなんか背が低いから、子どものころから大人になってもまわ

りの人たちがみんな大きく見えたものよ。だからいまでも、こんなに〝謙虚〟なの。うふふ♡

No.20

子どもの想像力を育むには「ママが作家」になる

幼児期から、ママが絵本を読んであげること〝読み聞かせ〟は情操教育の上でも、とても大切よね。

かくいうボクも読み聞かせは大好きだったわ〜。

「心やさしい子、感性豊かな子に育ってほしいね〜♡」

娘ふたりには毎日、絵本の読み聞かせにいそしんだものね。それこそ数百冊の物語を読んであげたっけ。絵本の棚から、

「今日はなにを読んであげようかな〜♪」

と選んで、娘に添い寝しながら、登場人物に合わせて声色を変えてお話を読むの。娘と一緒に物語を楽しんだことは、いま、思い返しても胸がほわんと温かくなるような、ボクにとってもかけがえのない幸せな時間だったわ♡

でも、ただ読み聞かせするだけでは、できるママにはちょっとものたりないわね。ここは、**ちょっと遊び心を出してお話を作っちゃいましょう。**即興で作って聞かせてあげるの。子どもと一緒に作ってもいいわよ。ボクの娘たちにも大好評で、よくせがまれたわ。

「パパ、お話して！」

「よ〜し、それじゃあねぇ……昔むかしあるところに……」

朝、一緒に保育園に行くときに見た景色や出会った人、保育園の仲良しのお友達や先生、散歩中のワンちゃんなど、子どもに親しみのある日常のものを織り交ぜて、たくさんお話を作りました。

もちろん二度と同じお話はできないんだけど、それでいいの。ボクも、もう忘れてしまったから、あれはテープかなにかに録っておけばよかったわぁ、残念。でも、だからこそ、いい思い出なのかもしれないわね。

「そのお話、この間も聞いたよ〜」

「あ、あれ!? そ、そうだっけ？ じゃあ、別のお話にしようね」

なんてこともよくあったけどね……。

同じように、絵本の〝続き〟をママが勝手に作ってしまうのもいいですね。お話の〝その後〟を、子どもと一緒にあれこれ想像するのは楽しいものね。

簡単なのは、お話に登場するウサギさんを、ウチで飼ってる犬や猫に置き換えて読んだりすること。子どもも物語の中にグッと入り込みやすいわよ〜。

絵本を読んであげると、子どもによって反応もさまざまでおもしろいわ。

大して怖くない話なのに、「怖い〜！」と、泣き出しそうになったり、思いがけないところでキャッキャと笑ったり。

「へぇ〜、子どもっておもしろいな！」

きっとママにも新しい発見がいっぱいあるはず。

そんな豊かな時間を、ママもたっぷり楽しんでね。

子育てしているときのママは、誰でも〝一流の作家〟なのよ。

column 尾木ママの「人生ってステキ！」4

元祖・イクメンはボクよっ！

２０１０年の流行語大賞にノミネートされた〝イクメン〟とは、育児や家事に積極的に参加して楽しもうとするパパのことよね。

厚生労働省では〝イクメン推奨プロジェクト〟を立ち上げ、広島県知事が育児休暇を取得するということでも話題になりました。もはや、流行ではなく、実態をともなって、多くのパパの間でイクメンは浸透しつつあるようです。

なにしろボクは、もう33年も前からのイクメン。いわば〝元祖・イクメン〟なんだから。育児なんて、こんなに楽しいことを、ママにだけ任せておくなんてもったいないじゃない！　まぁ、ウチの場合は、奥さんも最近まで働いていたこともあるし、ボクのほうがなんでも結構器用だった、というのもあるわね～。

一番思い出すのは、やっぱり保育園の送り迎えね。

朝はやっぱり時間との戦いですよ。まず保育士さんへの連絡帳に朝の子どもの様子を記入するの。ミルクをどれだけ飲ませて、離乳食はなにを食べて、トイレ何回、体温は……。やっと出発だ～なんてときに限って、子どもってトイレに行きたがるの。

「パパ！　オシッコ出た！」

あわててオムツを替えて、

やっと送り届けるんだけど、まだ安心はできないわけ。子どもが保育園で熱を出したら大変よ～。

「尾木さ～ん、保育園から電話！」

職員室に電話がかかってくるんだもの。でも、綱渡りのようだけれどそれはそれは楽しい日々でした。

そうやって、100％純粋なお父さんっ子として育った娘も長女が33歳、次女が25歳になりました。ふたりともステキなダーリンと出会って結婚しました。上の娘はアメリカのシカゴで暮らしていて、下の娘はいま、ボクたち夫婦と同居しています。

そして2010年の11月、長女に初めての子どもが生まれたのよ。女の子。我が家の初孫。ボクもとうとう、おじいちゃんになっちゃったわ～♡

出産のときには奥さんがアメリカまで、ひとりで手伝いに行ったんだけれど、日本にいたって器用じゃないのに、アメリカで上手にできるわけがないじゃない？　まず英語がわからないでしょ。陣痛で苦しんでる娘に通訳をいちいち頼んだらしいの。

「ちょっと！　いま、お医者さんはなんて言ったの？」

娘はもう大変よ。しかも病院からの帰り道がわからなくて、ひとりしか泊まれない決まりの病室に奥さんも一緒に泊まりこんで、〝これがジャパニーズスタイルか!?〟ってアメリカ人もビックリだったらしいわ！

「どうしよう、赤ちゃんだけじゃなくてお母さんも手がかかるの～！　なんとかして～！　お父さ～ん！」

電話の向こうから娘の悲鳴が聞こえてきたけれど、これは昔からいつもの娘の決めゼリフなのよ。それでいて、この娘がまた奥さんとそっくりなのよ～！　高校の入学式のときなんて母子ふたりして遅刻してたんだから！　やっぱり似たもの親子ね。

新しい家族は加わったけど、我が家は相変わらず笑ってばっかりよ。ボクも、孫娘に、「尾木ママ～♡」って呼ばれるまで頑張らなきゃ！

No.21

子どもとの約束は「石にかじりついても守る」

親が子どもとの約束を守ろうとする姿勢はすごく大事。ただ、大人には大人の事情や仕事の事情、いろいろなことがあって守れない場合もあるわね。

たとえば、

「今度の土曜日、みんなでピクニックに行こう!」

と約束してたのに、パパの会社で急に会議が入ってしまった。もちろん、大切な会議をすっぽかしてまで子どもの約束を守るような無茶をすることはありませんよ。

じゃあ、そんなときはどうしたらいいかしら?

まずは、素直に謝ることが必要ね。それから、子どもにおわびよ。

「今回は残念だったけれど、そのかわりピクニックへは2回行こうね!」

この約束をしっかり果たせば、子どもとの約束を守ったことになるの。一方で、

そういう柔軟な約束の仕方もあるんだということを、子どもにも教えられるわね。

「しょうがないじゃないか。パパも給料もらってお仕事してるんだぞ」

「ママが頑張ってるから、ごはんが食べられるのよ」

そんな都合のいい言い訳を口にしたら、パパやママへの信頼もガタ落ち。

「約束は守らなくてもいいんだ。だってパパもママも守ってくれないもん」

果たせない約束は子どものためにならない。

約束をしたら、石にかじりついても必ず守る。

子どもはパパやママとの約束の中から、約束や信頼の大切さを学んでいくの。

ときには、子どもにあらかじめ〝守れそうだな〟と思う約束をさせてごらんなさい。

「遊んだおもちゃは自分で片づけようね。約束よ」

それができたら、うんとほめてあげて。

「すごいね～！　できたじゃない！　おかげでお部屋がきれいになったね～」

できなかったときのペナルティは必要ないんです。

叱らないこと。

もちろん犯罪や暴力、いじめに対しては、キチンとダメだと伝えることは大切。

だけれど、基本的に子育てにペナルティはいらないの。

「これができなかったらおやつ抜きだからね！」

なんて、それはしつけとは言いません！　**完全にできなかったときも、上手にで**

きた部分だけをほめてあげるだけで、子どもはグンと伸びるの。そして、できなかった部分さえも、次はキチンとできるようになっているものなのよ。

No.22

あなたの子どもは
思っているほど
「かわいくない」

子どもというのは、無条件でかわいいものだと思いこんでないかしら？　それはじつは危険な思い込み。**子どもというのは、当たり前だけれど親の思いどおりにはいかないの。理想どおりになんてぜんぜん育たないものなのよ。**３歳を過ぎて自我が目覚めてくるとお散歩もひと筋縄ではいきません。

「そっちには行かないの。こっちよ、こっち」

「イヤ！　あっちに行く」

「ほら、もう暗くなってきた。そろそろ帰ろ、ね？」

「ヤダッ！　もっと電車見るの！」

買い物に行けば、

「ママ〜！　買って、買って、買って〜！」

それにいちいち腹を立てていては、ストレスの元よ。

「ちゃんと育ててきたはずなのに、なんでこんな言うことを聞かなくなっちゃったのかしら……」

「私の子なんだから、もっとちゃんとできるはずなのに」

それは、子どもへの期待が大きすぎるのよ。**過剰な期待は、ママ自身を追い込んでしまうし、結果的には子どもの成長を阻害してしまうのね。**ママの夢を押しつけて、「ウチの子なら、もっとできるはず」

と、期待し続けると、いつまでもママに認めてもらえない不安感、ママの目標に到達できない自己否定感でいっぱいになってしまうの。子どもに期待することは親として当然だし、大切だと思うけれど、その期待の寄せ方には、親としても根気とコツがあるのよ。**日常の中で、できたところをたくさん見つけてほめて、子どもを認めていくの。**そしたら小さな自信がいっぱい生まれていって、はじめて実を結ぶものなの。

最近では赤ちゃん雑誌やモデル事務所でも、赤ちゃんモデルや子どもタレントの募集や応募がものすごく多いんですってね。それこそ、ママが果たせなかった夢を、小さな赤ちゃんのうちから子どもに託そうとしてる人が多いということだわね。

「ウチの子、なんてかわいいの！　将来は小雪さんみたいな女優さんになるわね」

なんて鼻息の荒いあなた！　どんな子どもも、ママが思っているほどかわいくないんだから。そう思えば、気が楽でしょ？　子どもものびのび育つわ。子どもは、ママの思いどおりにはならないの。思いどおりにはならないから想像もしなかった発見があり、驚きがあり、喜びがある。だから子育てはおもしろいの！

No.23

「朝のゴミ捨て」だけでしっかりした子になる

ボクは〝元祖・イクメン〟を自負しているけれど、ひいては〝元祖・家事メン〟でもあるの。奥さんの〝お手伝い〟程度の甘いもんじゃなくて、我が家は夫婦共働きだったこともあって、家事の大半はボクが担ってきた、と言っても過言ではないわね。

掃除、洗濯、料理に後片づけ……。朝の時間はあわただしくも、一日が動き出すエネルギーに満ちた時間で、ボクは大好き♡ 〝家事メン〟としては、最も〝段取り力〟が試されるときでもあるの。

朝食をすませてリビングの時計を見ると、8時半。

ゴミ出しの日だったら、娘を保育園に連れて行く用意をしながら家中を回ってゴミを袋に集めていくの。

そんなボクの姿を見ていると、娘たちは、やがてボクのゴミ出しの仕方をチェックするようになっていくのね。

「お父さん、ゴミ袋に焼き鳥の串をそのまま入れたでしょ！ ほら、袋が破れちゃってるし、収集する人が危ないよ！」

「あ！　そうだね、危ないね。教えてくれてありがとう」

　今度は注意されないように、空の牛乳パックに串を入れて捨てるように工夫するわけ。

　すると娘が今度はボクが洗った食器をチェック。

「お父さん！　ほら、ここに洗い残しがあるよ」

「えっ、どこどこ？　ちゃんと洗ったつもりなんだけどなぁ」

ね、しっかり見てるでしょう？

娘たちはボクのゴミの捨て方や食器の洗い方、家事をする姿をちゃんと見ているわけ。人に注意するくらいだから、今度は自分が家事をする、となったときにはそれはもう真剣な目つきに自然となりますよ。

「ウチは、お父さんとお母さんが働いていて、みんなで家事を〝協働〟している。自分もその家族の一員」

そういう意識もわいてくるの。そうなると、自然と相手を思いやり助け合えるようになるの。しっかりした子どもになっていくわ。

パパが家事をする姿を見せると、子どもは「男だから」とか「女だから」というジェンダーを意識せず、変なこだわりを持たずに育つのもいいわね。

うちの娘も、いまではちゃんとふたりとも優しいお婿さんを見つけていますよ。今朝も、下の娘のお婿さんとボクとふたりでゴミ出しをしたのよ。不思議なもので、娘というのは父親に似たタイプの人と結婚する、というのがやっぱりあるのかもしれないわね～♡

No.24

「子どもがおにぎりを食べる」といじめがなくなる

学校でも家庭でも、子育てをしていると一度や二度はかならずぶつかる問題が、いじめ問題。ボクも長年、いじめ問題には積極的に取り組んできているけれど、いまだにいじめを苦にした子どもたちの自殺のニュースがなくならないのは、とても悲しいことね。

家庭の中において、パパやママに体罰を受けている子どもは、学校では〝いじめっ子〟になることがよくあるの。でも、お父さんは、自分の子どもがいじめをしていることにまったく気づかない。

「ウチでは、私の言うことをよく聞いているんですよ。いじめなんてしているとは思えないんですが……」

その子どもにとって、自分の意見を伝える、考えを押しとおすということが、腕力に訴えることとイコールになっているんです。

ここ数年、長く不景気が続いて不安定な生活を強いられることも多いでしょう。パパもママも心身ともにグッタリ。イライラすることも景気のよかった高度成長期やバブル期に比べたら、ずっと増えたと思うのね。いまのママやパパたちには、子どもと正面から向き合う余裕もなくなってきていると感じているの。余裕がなくなれば、しつけと称した体罰や暴力といった安易な方法に訴えるパパやママも増えていく。

どんなパパもママも、みんな子どもを愛してるでしょう。**けれど子どもがパパ、ママから愛されている、大切にされているということを実感しづらくなっているんじゃないかしら。**自分より弱い子どもに手を上げたり、いじめをする子どもの多くは、この愛情不足なの。自分に自信が持てないから、つねに不安で情緒不安定。親子の交わりが薄いから、友達との関係もうまく作り上げていけないのね。だから、力で解決しようとするの。いじめをなくすにはママの愛で包んであげるのが一番。そんな子どもにこそ、ママの手作りのおにぎりを食べさせてあげてほしいわ～♡

最近は〝キャラ弁〟なんて、アニメのキャラクターをお弁当にしちゃう、カラフルでかわいいお弁当が流行っているけれど、反対に、遠足のときにコンビニのおにぎりをリュックサックにポンと入れてくる子どももいたりするのよ。そんな話を聞くと、

「ただ、お腹さえふくれればいいわけではないのに、大丈夫なのかな？」

思わず涙がこぼれることもあるの。

コンビニおにぎりが悪いと言うわけじゃないのよ。コンビニおにぎりのほうが海苔もパリパリッとしているし、いろいろな具も入っているし、美味しいじゃない。

ボクも好きよ♡　ママの作るおにぎりは海苔もペチャッと貼りついているし、具だって鮭や梅干し、せいぜいシーチキンくらいのもの。

でも、ママが早起きしてお米を炊いて、まだ熱々のごはんを手にとって
「よいしょ、よいしょ……！」

と握ってくれたもの。海苔だってひとつひとつていねいに巻いてね。

ママのおにぎりには、コンビニおにぎりにはないあたたかな愛情が、心が、しっかり込められているのよ。

ボクが伝えたいのは、もっとゴツゴツとした肌と肌とのふれあいのような愛情が、子どもには大切だということ。どんなに手の込んだママの手作り料理でも、誰もいないリビングでひとりで食べたり、家族が揃ってはいてもみんな黙々とテレビを見ながら食べる食事では、愛は十分には伝わりません。食卓に並ぶものが、ときにはスーパーで買ってきたお惣菜でも構わないんだから。

「ママ、今日学校でさ、こんなことがあったんだよ」

心も体もリラックスして家族で会話が弾むような、楽しい食事をしたいわね。

ママの手が握ってくれた、おにぎり。

「ママ、美味しかったよ！」

そう言ってくれたら、ギュッと抱きしめてあげましょうよ♡

No.25

子育て上手なママの書き置きは「かならず美しい」

《下のやしきにいます。おやつはかまどのおナベの中。お手伝いに来てください。母より》

これは、ボクが子どものころに母が毎日のようにボクにあてて書いてくれた、書き置きのひとつなの。

食卓の上に乗った小さな黒板に、楷書でていねいに書かれた文字。〝来〟という漢字が少しくずしたような文字になっていて、

「大人の文字って変なの～」

なんてよく思っていたものね。

ボクは滋賀県の関ヶ原にほど近い、伊吹山のふもとの農村で生まれたの。小学3年生のときに祖母が亡くなってから、勝手口を開けた瞬間に聞こえてくる、祖母の、

「直樹、おかえり！」

の声は聞けなくなったけれど、母の書き置きは、その寂しさをふっと和らげてくれたわ。

ランドセルを放って、すぐにナベのふたを開けると、書き置きどおりにふかしたおイモが並んでいてね。新聞紙で作った袋に包んで、ズックをひっかけて、母が畑仕事をしている〝下のやしき〟まで、一目散に走って行くの。

「お母ちゃ～ん！」

モンペ姿の母の姿を見つけてそう叫ぶと、母はクワを持つ手を休めて、笑顔でボ

クを迎えてくれたわ。子どものころを思い起こすと、あの安心感と、母の美しい文字が懐かしく蘇ってくる。

いまでも携帯メールで、ほとんどのママは子どもと文字のやり取りはしてる。

《おかえりなさい。お昼は冷蔵庫の中に入っているから、レンジで温めて食べて。塾、頑張ってね》

こんなやりとりだって簡単、確実。もちろんボクも使ってるわ、便利だもの。それでも、やっぱりママの手書きが待っていてくれたら子どもはうれしいんです。メールはあくまでも文字で情報を伝えているだけ。そこに、ひと文字ひと文字に書き手の気持ちは込められないでしょう?

愛は伝えられないのよ。

携帯メールは情報伝達という意味では確実だけど、コミュニケーションとしてはとても不確かなものなの。

だから子どもを迎える書き置きは、ていねいに心を込めて書いてね。見慣れたママの文字が、子どもにとっては安心感を与えるの。

「離れていてもボクを見ていてくれる。守っていてくれるんだ」

そうやってママの愛情に守られているという安心感の中で育った子どもは、かならず伸びていくものよ。

ボクも書き置きではないけれど、中学校で教師をしていたときは、学級通信を発行していたの。学級で起こった問題や議題、運動会や文化祭の話題……。子どもたちが興味を持ってくれそうなこと、ボクが伝えたいことはなんでも楽しくおもしろく、ときにはマジメに書いたわ。まだコピー機なんてないから、ガリ版刷りでね。1文字1文字、鉄筆でガリ切りして、子どもたちに気持ちを込めたの。

どんなに忙しくても、体調が悪くてもほとんど毎日休まず出し続けたから、22年間でざっと4000通以上にもなったわね。でも、そうやって先生であるボクのほうから、いろいろ語りかけたら、子どもたちはやっぱりキチンと熱を持って返してくれるのよ。

「尾木ちゃんが、〝最近、みんな気が抜けてるよ〟って書いてたから、みんなちょっとしっかりしようぜ！」

「運動会、どうやったら盛り上がるかな？」

って、応えてくれるのよ。

ボクはいまでも、妻や娘にメモを使って書き置きしますよ。

《冷蔵庫にケーキが入ってるよ〜♡　パパ》

とかね。それを目立つように、テレビの画面の真ん中にペタッと貼っておくんです。

一緒に仕事をしているスタッフにも、メモを残すのだけれど、新人さんなんかは、

「先生……すみません。これ、なんて読むんでしょう？」

なんて、最初は読めなかったりするのよ〜。え!?　もっとていねいに心を込めて
書け、って？　はい、おっしゃる通りだわね……。

column 尾木ママの「人生ってステキ!」 5

愛が日本の子どもを救う!

じつは、尾木ママ、最近怒ってるの。

なぜかって? それはいま、日本の教育はバケツの底が抜けたような崩壊状態になっているから!

2010年10月時点の大学生の就職内定率が60%を割ってしまったのはテレビや新聞でも報道されてご存知の方も多いわよね。就職難を受けて、大学を卒業せず留年する学生が増えているんだけれど、その留年率が最も高いのが大阪大学、首都圏では東京大学がトップなの! もっと高度な専門知識を身につけていて社会を支えていく人材であるはずの大学院卒になると、さらに就職率が減ってしまう。こんなバカげた状況の国ってあまりないわよ！

いったいなぜ、こんな現象が起きているのか？　単に不景気のせいだけではないんです。

学校や企業、社会全体が早い話、子どもたちを〝見捨てている〟のよ！

大手電機メーカーのパナソニックでは、世界規模で見ると新規採用した学生の80％は外国人なの。ユニクロ、楽天などでも次々と、大量に外国人を採用して、2013年までに新規採用全体の75％を留学生から採る予定で、中国、インド、ベトナム、韓国、タイなどアジアから優秀な人材をどんどんかき集めているの。

なぜ、外国人がこんなに日本で採用されるのか?

全国の各大学が自分の大学の研究レベルを落とさないように、大学の生き残りのために、莫大な奨学金を出して世界中から日本への留学生を集めてるんだもの。

少なくとも2か国語以上話せる留学生たちと比較されたら、世界規模で事業活動している企業には、優秀な留学生のほうが魅力的に映りますよ。

ボクは外国から留学生を集めるのが悪いとは言いません。

「世界を相手に頑張っていける日本の子どもたちを育てるためには、いまの教育制度では間違ってる」

と言っているの。〝陰山メソッドで東大に入ったー!〟なんて、どんぐりの背比べしてる場合じゃない。全国統一テストのような数値目標はほとんど意味がない。

学力というのは総合的な生きる力であり、機械的に9科目に分けた教科制もおかしい。

いまの学力のあり方は間違ってるんですよ!

これまで作られてきた日本の学歴社会の構図。その頂点である東大が就職難の現状なのよ。

大学も企業も、自分たちが生き残るために、日本の子どもたちを見捨てたのよ。ボクは本当に怒ってるの！　こんな大人って許されるのか！　これから育っていく日本の未来を背負っていく子どもたちへの愛がないじゃないか！　と。

こうしたことを大学も企業も、教育関係者も研究者も、みんなわかってるのに声を上げないんです！　大人がダメなら、もうボクは子ども主体で子どもたちと一緒になって、学校改革や地域作りをしっかりやっていこう、と。オランダでは4歳の小学1年生が校長先生と対等な権利、生徒会の評議を1票持って行使しているの。積極的に自分の考えを持とうとしているようね。しっかりした国の一員、市民になろう、というトレーニングを小さいときからしていかないと、国は滅びてしまう。そしてその危機がもうそこまで来ているんです。

ボクはこれからも恐れずに、〝愛〟と〝ロマン〟を武器に、日本の教育の真実を発信していきます。愛とロマンこそが日本の子どもたちを救うのよ！

No.26

〝習い事はピアノが一番〟は「もう古い」

子どもの習い事の定番と言えば、ピアノよね。女の子だけでなく、男の子でも情操教育にいいからという理由で、やっている家庭も多いんじゃないかしら。

さらにピアノには情操教育だけでなく、指先を動かすことで脳を刺激し、記憶力や先を読む力を養ったり、科学的にも立証されている素晴らしい要素がたくさんあ

ります。

脳科学者の澤口俊之先生なんかは、

「習い事をさせるならピアノだけでいい」

とまで断言しているわよね。確かに習い事をたくさんやればいいというものでもないし、澤口先生の意見には一理あるわね。

でもいくら情操教育でピアノをさせても、家庭でパパとママが夫婦ゲンカばっかりしていたら、どれだけピアノをやっても、情操教育なんてあり得ないわ。家庭生活の中で、落ち着いた環境を作ってあげることこそ、よっぽど子どもの心にとってはいいこと。

もちろん子どもの向き、不向きも重要。どんな子どもにもピアノをやらせればいいってものでもないわよね。ママはもっと柔軟に考えて欲しいと思うの。

「お友達が絵を習ってるからやってみたい」

「お隣のお兄ちゃんがサッカーをやってて、楽しそうだからボクもやりたい」

どんなきっかけでもいいんですよ。まずは、子どものやってみたいことを習わせ

ることが、一番いいんじゃないかしら。

「そうやってせっかく始めた習い事が長続きしなくて……」

ママ！ それでいいじゃない！ いろいろ迷ったり、寄り道するのは子どもの特権よ。3つ、4つやってみれば、だんだんなにが向いているのか、なにが好きなのか自分自身にもわかってくるわ。

「一度始めたら、やり抜きなさい！」

習い事ぐらいで、そんな苦しい思いをさせる必要はないですよ。子どもって、好きなことなら、やめなさいとママが言ったって絶対にやめないでしょ？

「ママ、ボク、水泳やりたいよ！」

「私は、やっぱりピアノが習いたい」

だから、**子どもが自分で自分のやりたいことを見つけるまで、じっと待ってあげてね。**そんな時期はあっという間にやって来ますから。

ただ、注意したいことがひとつ！

子どもは無意識にパパやママの期待を感じとってそれに応えようとするものなの

よ。

じつは、ボクもこれで失敗しちゃったことがあったの。ボクの娘もやっぱりピアノを習っていたの。ところが、教室に行くと必ずあくびをするんです。

「あれ……？　ピアノ好きじゃないのかしら……？」

もちろん、無理やりやらせるのなんて、ボク、イヤだもの。

「ピアノがイヤだったら、やめてもいいのよ」

そう、何回も言ったのよ。すると娘は必ず首を横に振るの。

「ううん、私、ピアノやりたいの」

雨の日も台風のときも、小さな傘をさして通ってたわ。そんな姿を見て、ボクはてっきり娘が、ピアノは好きなんだなって思い込んでいたのよね。

「ウチの子は本当に頑張りやさんだわ～♡」

なんて、思っていたけれど、それが大間違いだったのよ～！　娘は本当はピアノが嫌いだったんですって!!

「本当はやりたくなかったんだけれど、パパの顔に〝続けて欲しいな〜〟って書いてあったからね」

大人になってから、笑いながらそんなことを言うのよ〜。

でもたしかにそうなのね。ボク、娘がピアノを弾くのを、

「いいなぁ〜♡」

と思ってたんです。子どもって本当に敏感なのよ。それどころか、

「私、絵を描くのが好きだから、大学だって美大に行きたかったんだよね」

なんて!! ボク、がっくり。まったく気がつかなかった……。

〝教育評論家〟の仕事をしているボクだってそんな大失敗があるのだから、子育てに〝絶対〟はないのよ! ホント、子育ては奥が深いわ〜。

No.27

「お風呂に上手に入れる」とやさしい子になる

「俺はこうやって育てられたんだ！」

「私の家では、そんなこと教えられなかったわ!!」

夫婦の間で、子育ての方針ついて、衝突することとって多々あるわよね。ごはんの食べ方や寝る時間、片づけの仕方など挙げればきりがないくらい、些細な日ごろの

生活習慣すべてで考え方の違いが出てくるのよね。

それもそのはず。どんな人でも自分の体験をベースに子育てをしてしまうものなの。当然、家庭によってさまざまだから、ぶつかるのも当たり前なのよ。

その家庭がどんな子育てをしているかが、手に取るようにわかるのが、お風呂なの。

子どもたちと宿泊体験授業をするとき。ひとりひとりのお風呂の入り方を見ていると、ママやパパの姿が見えてくるわよ。

キチンと体と足を洗ってから湯船に入る子ももちろんいるけれど、中には脱衣室からそのままドボンと飛び込む子。立ったままシャンプーをして、シャワーを周囲に勢いよくまき散らして頭を洗う子もいるわ。旅番組でタレントさんが温泉に入るシーンを見て、湯船にはバスタオルを巻いたまま入ることがマナーだと誤解している子どもさえいるのよ〜。一緒に入っているまわりの人のことを、全然気にかけていないのね。

「いつもウチで、そういうふうにやってるの？」

と聞くと、必ず「はい」と答えるの。その家庭の子育て文化が子どもにはしっかり根づいているのよ。

たしかに最近は街の銭湯も少なくなってしまったから、公衆浴場で大人からマナーを学ぶ機会も減ってしまったわね。

でも、パパやママが〝まわりにいる人のことをキチンと考えられるように〟という子育ての方針をしっかり持っていたら、たとえ銭湯に行ったことがなくたって子どもは自分で気づくものよ。ちゃんとお風呂に入れるわ。そして、人の気持ちがわかる心のやさしい子に育っていくハズよ。

ママも一度立ち止まって、自分の子育てを振り返ってみるべき。

「みんなで大きいお風呂に入るときは、まず体を洗ってからね」

「体を洗うときは、まわりの人にしぶきがかからないように注意して、座って流そうね」


お風呂の入り方を教えることは、やさしくまわりを気遣える子どもになる、大切な機会だと思うわ。

No.28

キッザニアよりも子どもを伸ばす「ママのお手伝い」

いま、子どもたちに人気の『キッザニア』をご存知かしら？　２００６年に東京都内に、２００９年に兵庫県内にオープンした民間の施設で、それぞれ約90もの職業を子どもたちが疑似体験、社会体験できるというところなの。

たしかに子どもは楽しめるかもしれないけれど、でもこれはただのテーマパークね。

消防士や宅配ドライバーや、ハンバーガー屋さんの本物の制服を着せて、子どもたちを〝大人扱いする〟なんて言うけれど、ボクから見たら〝お仕事ごっこ〟にすぎないわね。ピザ作りだって、生地をイチから作るわけじゃなくて具を載せて仕上げをするだけ。掃除の仕事もプラスチックの粒をパーッとまいて、それを子どもたちに掃除させるの。掃除のトレーニングなんて、家庭で当たり前にできるんじゃないかしら？

働くことの本物の体験は、もっと身近な日常の中にあふれているのよ。

たとえば夕食のあとに、ママと片づけをするの。ママが食器を洗って、お姉ちゃんがふいて、妹がそれを食器棚にしまう。

「あぁ、きれいになったね～。片づいたね」

そうやって喜びや苦労をともにする。それは、大切な家族の〝協働〟作業よね。

ボクも、子どものころ母の畑仕事を一緒に手伝ったことが、幸せな体験として心に刻まれているの。

「お母ちゃん、今日はなにを手伝うの？」

「このうねの上にずっと種まきして欲しいけど、直樹にできるかな？　いま、お母ちゃんがお

手本見せるからね」

うまくできると、

「直樹も、お母ちゃんの手伝いがなんでも上手にできるようになったねぇ」

そのひと言がとってもうれしかった〜。

やがて母と一緒に汗をかきながら泥だらけになってまいたホウレン草の種が芽ぶいて、大きくなって、収穫する。

そのホウレン草の美味しかったこと。

『キッザニア』には、そんな汗をかいて働く喜びはないわよね。

畑仕事をお手伝いすることが当たり前だったボクが子どものころと、いまの時代はもちろん違うわ。けれど、**働くとはどういうことなのか。どれだけ大変で、素晴らしいことなのか。それはいまも昔も変わらないの。**

ママのお手伝いをするだけで、子どもには充分に伝わるんですよ。

No.29

子どもの晴れ舞台では「ケチケチしない」

子どもの卒業式。ママにとって、子育ての節目のときでもあるわよね。

保育園や幼稚園の卒園式に、小中高校の卒業式。お決まりの『蛍の光』に号泣しているのは、子どもたちよりも、むしろママのほうだったりするもの。

そういうボクも、娘の大学の卒業式には、我が家の消費生活史上最高とも言える

ほどのビックリ大出費をしちゃったの〜♡　それは娘が卒業式に着る、キ・モ・ノ♡

呉服屋さんで、

「パパ、本当に、本っ当にいいのね？」

何度も念を押す、不安げな奥さん。

「大丈夫よ〜。昔の人はこういうのをよく〝一生モノ〟って言ったんだから」

頭をよぎる〝親バカ〟の文字を振り払うように、強くうなずいて見せるボク。

しかし、なんでいい着物って、あんなにお高いのかしらね〜！　大丈夫と胸を張ったものの、目の玉が飛び出るかと思ったわ〜。

「多少高くても、よく海外にも出かけるんだから、着物を着て日本の文化をＰＲしなくちゃね！　せっかくだから、シカゴに住んでるお姉ちゃんにも着させてあげようよ」

どこか言い訳じみたボクの言葉に奥さんもあきれ気味。

だけどね、なんたって娘の卒業式は格別だもの♡

振り返れば、蘇る育児の日々。娘と過ごしたすべての時間は、なにものにも代えがたい幸せなひとときだったわ。

「パパ、いままでありがとう！」

美しい着物を身にまとって、輝くばかりの娘の晴れ姿を見たときに、ボクは娘から感謝状をもらったような気がしたの。卒業式はボクにとって、子育ての修了式のように感じたわ～。

いまでも、娘たちはふたりとも、

「パパ、洋服を買いに行こうよ」

って、ボクと買い物に行くんです。それもイクメンをしてきたボクへの、幸せなごほうびだと思ってるの。

えっ？　その着物？　うふふ。結局、その卒業式のときだけ、たった一度しか着てないわ。

No.30

怒鳴りたくなったら深呼吸して「無理やりにでもほめる」

育児の上で〝ほめて伸ばす〟というのは最近のキーワードになっているんです。

ママだって、子どもをほめたいの。

だけど、子どもを育てていく中で、

「子どもを叱らないで、どうやって子育てしていったらいいの〜!?」

っていうぐらい、子どもというのは日々、目が離せないのよね。

「ちょっと！　あんた、なにやってんの!!」

ついついキツく叱ってしまうことも、少なくないわよね。間違っていること、してはいけないことをキチンと子どもに教えることは必要なこと。子どもにとっては学びのチャンスね。

でも、それにはママのほうにも、ちょっとしたテクニックが必要なのよ。

決して、叱りつけてはダメなの。

感情的になってワーッと怒鳴りつけたら、子どもは委縮しちゃうでしょ？　ママの言葉が子どもを傷つけ、押さえつけてしまうの。

そうならないように、**叱りたくなったらまず深呼吸。**鼻からスーッと深く息を吸い込んで、口からフーッと吐きだしてごらんなさい？　ほら、だいぶ気持ちが落ち着いてきたでしょう？　こうしてママが気持ちをセルフコントロールすることが、とっても重要なの。

さぁ、気持ちが落ち着いたら、ここで魔法の言葉の出番！

「どうしたの？」

そう子どもにたずねることで、子どもも落ち着いてママの話を聞くことができるし、話をすることができるの。

「ママがボクを信じて受け入れてくれてる！」

「どうしたの？」は、安心感のある愛の言葉なんです。きっと素直な心で話してくれるでしょう。

そうやってキチンと子どもの話を聞いてみると、100％完全に子どもが悪いということはないの。その中の数％でも正しかったところ、いいところを見つけたら、そこをしっかりほめてあげるの。

難しい？　あら、そんなことないわよ～！

ボクが教師をしているとき、クラスに忘れ物のチャンピオンみたいな子がいたの。

そういう子、どのクラスにもいるわよね。

あれはたしか習字の時間よ。その子はやっぱり、書道のセットをウチに忘れてきちゃったの。

「どうしたの?」

忘れたのはわかっていたけれど、ボクはそうたずねました。

「先生、私、ちゃんと〝明日は習字道具を持っていくこと〟ってノートに書いておいたし、今度は絶対忘れないようにって、手にも書いておいたの」

「うんうん、それで?」

「それでね、前日に準備して、玄関に置いておいたんです」

「ああ、頑張ったんだね〜」

「でも、朝バタバタして、お母さんに〝早くしなさい! 遅刻するよ!〟って言われて、あわてて靴を履いて飛び出したら……手に持つの忘れちゃったんです……」

そう言って、ものすごく悔しがってるじゃない。その話を聞いたボクは、拍手しちゃったの。

「そんなに努力できたのに、忘れてきちゃったなんて本当に残念だったね〜。**惜しかった！　その努力はすごくいいよ！**」

後日、その生徒のお母さんとの個人面談でも、こう言ったわ。

「忘れ物したからって命に別状はないし、社会生活が送れないわけでもないんだから、あわてることはありませんよ。**そんな小さいことよりね、この子の文才はすごいんですよ！　お母さん**」

すると、お母さん、ワーッと泣き出したんです。

「いつも面談では〝忘れ物が多い〟って注意されるばかりで、そんなこと、これまでの担任の先生は一度もほめてくれませんでした」

その子はやがて、忘れ物がピタッとなくなりましたよ。

もし、そのときボクが、

「また忘れ物したの!?」

と、怒鳴っていたら、きっとその子には叱られたということだけが残ったと思うの。忘れ物もなくならなかったかもしれない。

「怒られるから、忘れないようにしよう」

怒られるからとか、叱られるからと子どもが考えてしまうのは、間違っていると思うの。

叱りたいと思ったときこそ、子どもをほめるチャンス。子どもを伸ばすタイミング。ママの愛こそが、子どもの芽を大きく太く伸ばしていけるの。

全国のママたち～！ 頑張るのよ～♡ 尾木ママがいつでも応援してるわよ～！

あわてず、くり返し

—おわりに—


　みなさん、読んでみて、どうだったかしら……？（ハラハラ）（ドキドキ）

「ふ〜ん、尾木ママ……。読んでる時は、ナルホド！　と目からウロコなのよね。でも、わが子との場になると、どうしても感情が先走っちゃってー」

「うん、結局、叱りつけちゃうのよねー」

　ママたちの、そんな苦笑まじりの言い訳が耳に飛び込んできそう。それこそが〝親心〟ってものの正体かもしれない。尾木ママも、わかるわよ、あなたのそのジレンマ。でもね、日本のママたち。そこからが本番。本物の〝ママ業〟のスタートなのかもしれませんよ。子育ての壁にぶつかったり、失敗したりしても、やっぱり、愛情をもって子どもと向き合うこと。この愛こそが一番よ。また、「これでOKかしら？」と、一瞬でもわが身をふり返る余裕があると、なお、いいわね。

　一番よくないのは、知識を広げたり、なにも学ぼうとしたりしないこと。つまり、〝我流〟子育てしちゃうことなのね。「〝我流〟でもいいじゃない！」って声も聞こえてきそう。でも、〝我流〟オンリーはダメ。それだと、自分が親から受けた教育にハマっちゃう危険性㊅だから。そこには、愛もたっぷりあるかもしれないけど、〝時代文化の進歩〟〝脳科学の成果〟などが反映されてないから超キケンなのよ。近年、急速に発展を遂げている、脳科学や臨床教育学、発達心理学の知見に基づく子育ては間違いないと思う。（あっ！　ごめん、急に難しくなって……）

ダイジョウブ、大丈夫！　本書では、これらの理論をわかりやすいエピソードの中に取り込んだつもり。読んでいけば、知らないうちに、理解できるようになっています。でも、〝極論〟〝俗論〟には要注意ね！　百ます計算さえやっていれば頭がよくなるとか、ゲームをやると脳がダメになるとか……。子育てや勉強の世界の流行ほどいい加減で信用できないものはないからよっ。できそうな項目から、ぜひチャレンジしてみてね。わが子の笑顔が増えて、ママの悩みやストレスが減れば、尾木ママも超うれしいわ！

２０１１年お正月

尾木ママより

尾木ママの「叱らない」子育て論

著　者　尾木直樹

デザイン　大塚さやか

イラスト　松橋元気

撮　影　岡 利恵子

ヘアメイク　加藤聖子(VIRTU)

制作協力　臨床教育研究所「虹」

構　成　相川由美

編　集　石井康博

編集人　小田切英史

発行人　伊藤 仁

発行所　株式会社主婦と生活社

〒104-8357 東京都中央区京橋3-5-7

編集部 TEL03-3563-5194

販売部 TEL03-3563-5121

生産部 TEL03-3563-5125

印刷所　太陽印刷工業株式会社

製本所　株式会社若林製本工場

ISBN978-4-391-13999-0